社会人1年目からの

# 仕事の基本

濱田秀彦

Discover
ディスカヴァー

# はじめに

あなたがどんな仕事に就いていようと、ビジネスパーソンとしての基礎は、今の職場で身につけることができます。そして、そこで身につけた基礎があなたの将来を決めます。基礎を身につけるための期間は3年間。その**3年間でついた差は、なかなか埋まりません。**

それどころか、その先ますます広がっていきます。

これは、研修の講師として20年間で3万人以上のビジネスパーソンを見てきた私が確信を持って言えることです。

本書は、あなたの将来を決める「仕事の基本」を身につけるためのものです。

仕事の力は5つの要素で構成されます。そのうち、3つの柱といわれているのが、**「コンセプチュアルスキル」「ヒューマンスキル」「テクニカルスキル」**です。

## 仕事の力を構成する5要素

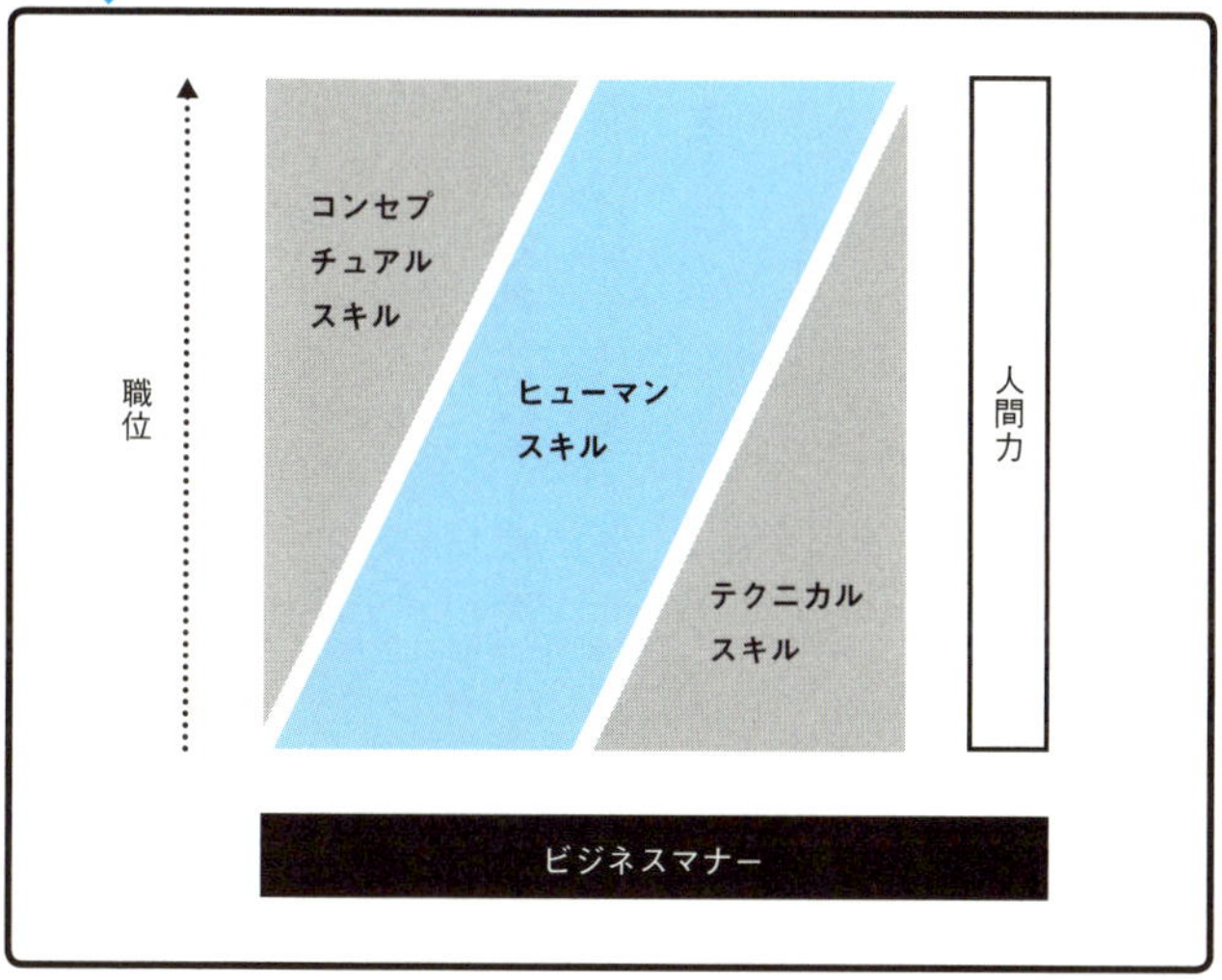

コンセプチュアルスキルとは、一言で言うと**「考える力」**。計画立案能力、企画力、問題解決力などがこれにあたり、職位が上がるにつれて、重要度が増してくるものです。

ヒューマンスキルとは、**「対人関係能力」**。話す力、聞く力を使って、説明、説得、交渉をする力です。ヒューマンスキルは、新入社員から経営トップに至るまで、変わらず求められるものです。

テクニカルスキルとは、**「業務に必要な知識・技術」**。たとえば、営業ならば商品知識、経理ならば財務の知識、製造ならば加工技術などです。はじめのうちは、重要度が高く、これらがなければ仕事になりません。

この3つの柱のほかに、成果を出すために必要なものが**「人間力」**。これは、目標達成意欲やストレスに耐える力、粘り強さといったマインド系のものです。これも、すべてのビジネスパーソンに求められます。

そして、これらすべての土台になるもう1つのものが**「ビジネスマナー」**です。これは、新入社員だけが求められるものではなく、あらゆるビジネス活動の土台になるものです。

本書では、これらの5つのスキルを軸に、新入社員から中堅社員に求められる内容を次のように整理しています。

**第1章／一歩先を行く仕事の進め方**
PDCAをはじめとする仕事の進め方の全体像

**第2章／ビジネスコミュニケーション力の高め方**
ヒューマンスキル①　基本的な話し方やホウ・レン・ソウの技術を高める方法

**第3章／上司、先輩、顧客とのつき合い方**
ヒューマンスキル②　仕事上の対人関係を円滑にする方法

**第4章／企画力・問題解決力の高め方**

コンセプチュアルスキル、特に企画立案や問題解決などに関する内容

**第5章／ビジネスマナーの新基準**

土台となるビジネスマナーのうち、特に近年求められるものを中心とした内容

**第6章／スキルアップとキャリア開発**

テクニカルスキル、人間力を含めた5つの力を高めていくための方法

この中で、**かつては重要といわれていたものでも、現代のビジネスシーンでは重視されていないものは省略し、今の職場で求められる内容を取り上げます。**

また、各項目について、求められるレベルを「NG」「OK」「GOAL」という3つの基準で表しているのが本書の特徴です。「OK」は基礎レベル。「GOAL」はそれを超えて到達したいレベルと考えてください。

**まずは、「ＯＫ」をクリアし、その上で周囲から「仕事ができる」と認められる「ＧＯＡＬ」のレベルを目指しましょう。**

本書を読み終わるころには、あなたに必要とされる仕事の基本がすべて理解できるようになります。そして、理解したことを職場で実践していけば、あなたの将来を決める基礎が身につくことでしょう。

濱田秀彦

# CONTENTS

新版 社会人1年目からの仕事の基本



CHAPTER 1

## 一歩先を行く仕事の進め方

## CHAPTER 2
# ビジネスコミュニケーション力の高め方



---

## CHAPTER 3
# 上司、先輩、顧客とのつき合い方

CHAPTER 4

## 企画力・問題解決力の高め方



CHAPTER 5

## ビジネスマナーの新基準

CHAPTER 6

# スキルアップとキャリア開発




本書は、2016年3月に小社より発行された『社会人1年目からの仕事の基本』のデザインを全面リニューアルし、一部表記を改めたものです。

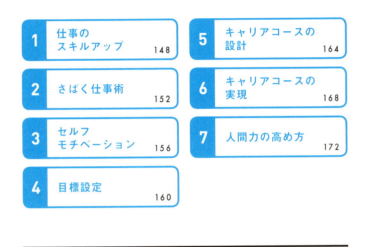

# CHAPTER 1

# 一歩先を行く
# 仕事の進め方

## INDEX

# 1

# 仕事の基本サイクル

GOAL!

**PDCAを回しながら
スパイラルアップできる**

NG

PDCAを
意識せず
仕事をしている

OK

PDCAを
きちんと
回している

会社や職場は見えないサイクルで動いています。上司も先輩も、そのサイクルに沿って仕事を進めています。だから、あなたもそのサイクルを理解し、そのサイクルで動けるようになりましょう。

仕事の基本となるサイクルは、**「マネジメントサイクル」**とよばれるもの。すべての仕事をこのサイクルで進めていきます。これは、ウィンドウズやマックOSなどのOSのようなもので、各種のアプリケーションソフトはこの上で動きます。

これを早く自分にインストールしましょう。OSが高性能になれば、すべてのアプリケーションが早く、よく動くからです。

このマネジメントサイクルは**「PDCA」**でできています。PDCAとは、計画(Plan)、実行(Do)、確認(Check)、改善(Action)の頭文字をとったものです。まずは、このサイクルを理解し、きちんと回せるようにしましょう。

ここで、ポイントになるのが**「スパイラルアップ」**です。

## PDCAのポイント

| 名称 | 意味 | 内容 |
|---|---|---|
| P Plan | 計画 | 目標、進め方、スケジュールなどを計画する |
| D Do | 実行 | 計画に基づき仕事を行う |
| C Check | 確認 | 計画に照らし合わせ、進捗や途中の成果を確認する |
| A Action | 改善 | 計画どおりに進んでいない部分に対し手を打つ |

## スパイラルアップ

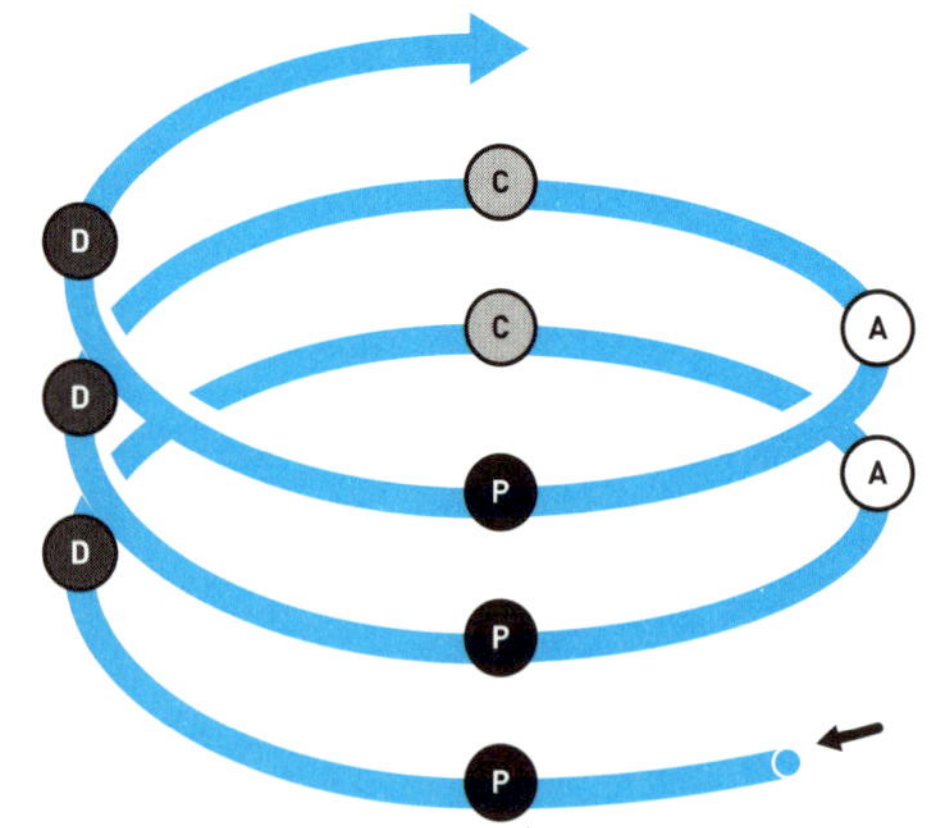

マネジメントサイクルは、山手線や環状線のように、同じところをぐるぐる回るものではありません。**1つの仕事のサイクルを終えたら、そこで得たノウハウをもとに、次に行う際は、レベルアップしていくことが求められます。**

たとえば、上司から会議室の予約マニュアルづくりを頼まれたとします。仕様を確認し、完成までのスケジューリングをするのがPlan。実際にマニュアルをつくるのがDo。できたものを確認するのがCheck。誤植を修正したり、より読みやすくしていくのがAction。これがPDCAの流れです。

そして、次にほかのマニュアルをつくる際は、この経験を活かし、より早く、より読みやすくできるようにするのが、右ページ下図のスパイラルアップです。

ここまでやれて、初めてPDCAが回せていることになります。

仕事の基本サイクルのポイント

## スパイラルアップを意識してPDCAを回す

CHAPTER 1
一歩先を行く仕事の進め方

# 2
# 成果の指標

GOAL!

成果の指標を
数字で把握している

NO

成果を
意識せず
仕事をしている

OK

成果の
指標が何か、
意識している

職場は成果を上げる場所です。あなたの評価も「どれだけがんばったか」ではなく、「どんな成果を上げたか」でなされます。

上げるべき成果を意識せずに行動するのは、仕事ではなく単なる作業です。**まずは、成果を表す指標を理解しましょう。**

企業が目指す最大の成果指標は利益です。その利益を生み出すための指標として「QCDSS」という言葉があります。

最初の「QCD」は、Quality（品質）、Cost（コスト）、Delivery（納期）の略で、メーカーの工場などでよく使われています。牛丼の吉野家の「うまい、安い、早い」はまさにQCDを表していますね。

残りの「SS」は、Sales（売上）とSafety（安全）です。利益とは売上からコストを引いたもの。売上を大きく、コストを小さくすれば、利益は最大になります。

もう1つの「S」、安全も重要です。たった1つの事故が、貴重な人材を失い、企業の信用を傷つけることにつながるからです。

## QCDSS

| 名称 | 意味 | 使用場面例 |
|---|---|---|
| Quality | 品質 | 検査NG、不良、返品、クレーム、間違い |
| Cost | コスト | 原価、経費、人件費 |
| Delivery | 納期 | 納入までの期間、時間当たりの作業効率 |
| Sales | 売上 | 売上金額、顧客獲得 |
| Safety | 安全 | 事故、労働災害 |

## スパイラルアップへの活用例

| 名称 | 視点 |
|---|---|
| Quality | どうやったらもっと高品質にできるか？ |
| Cost | もっと低コストにするにはどうすればよいか？ |
| Delivery | どうすればもっと早くできるか？ |
| Sales | もっと売上に貢献するにはどうすればよいか？ |
| Safety | より安全に進めるためには何が必要か？ |

職場の一員であるあなたも、当然、ＱＣＤＳＳとその結果である利益を意識して仕事をする必要があります。たとえば、ＱＣＤＳＳを前項のスパイラルアップの指標にするとよいでしょう。次にやるときは、より良く、より低コストで、より早く、より大きな売上につながるように、より安全に行うということです。

そして、それを**数字で把握できれば、すぐれたビジネスパーソンの仲間入りです**。

たとえば、同じ仕事を再度する際に、Planの段階で「何円のコストを下げるのか」「何時間の時間短縮を目指すのか」というように、スパイラルアップの目標値を決めます。そしてCheckで、当初ねらった成果指標を実現できそうか確認し、このままでは到達できない状況ならば、何らかの手を打ちます（Action）。

すぐれたビジネスパーソンは、小さな仕事でも成果指標を意識しているのです。

成果の指標のポイント

**ＱＣＤＳＳを数字で把握して仕事に活かす**

1 仕事の進め方
2 コミュニケーション
3 つき合い方
4 企画・問題解決力
5 ビジネスマナー
6 スキルアップ

CHAPTER 1

一歩先を行く仕事の進め方

# 3

# スケジューリング

GOAL!

「重要度」を意識して
優先順位を決める

NG

手当たり次第に
作業を進めて
間に合わなかった……

OK

「納期」を
意識して
優先順位を決める

PDCAの最初のステップ「Plan」は、実際に仕事に着手するまでに必要になるすべての作業を指します。ゴールを設定し、道のりをデザインします。

私がかつて働いていた建築業界では、「段取り八分」が合い言葉になっていました。**仕事の出来の8割は段取り**、すなわちPlanで決まるということです。実はこれ、どんな仕事にも当てはまることです。

そのPlanの中でも、**最も重要なのがスケジューリング**です。多くの場合、仕事は同時並行で進めなくてはなりません。とはいえ、人は「一つのときには一つのこと」しかできません。やりやすいことから着手したり、手当たり次第にやっていては、納期に間に合わなくなるなどの問題が発生します。

そこで、**優先順位**を決めます。その際、何を基準に優先度を測るのかがポイントになります。よく言われるのが、納期が迫っているものを優先する、つまり「緊急度」で測るという考え方です。間違ってはいませんが、それだけでは不足です。**できるビジネスパーソンは「重要度」を強く意識します。**

## 優先順位

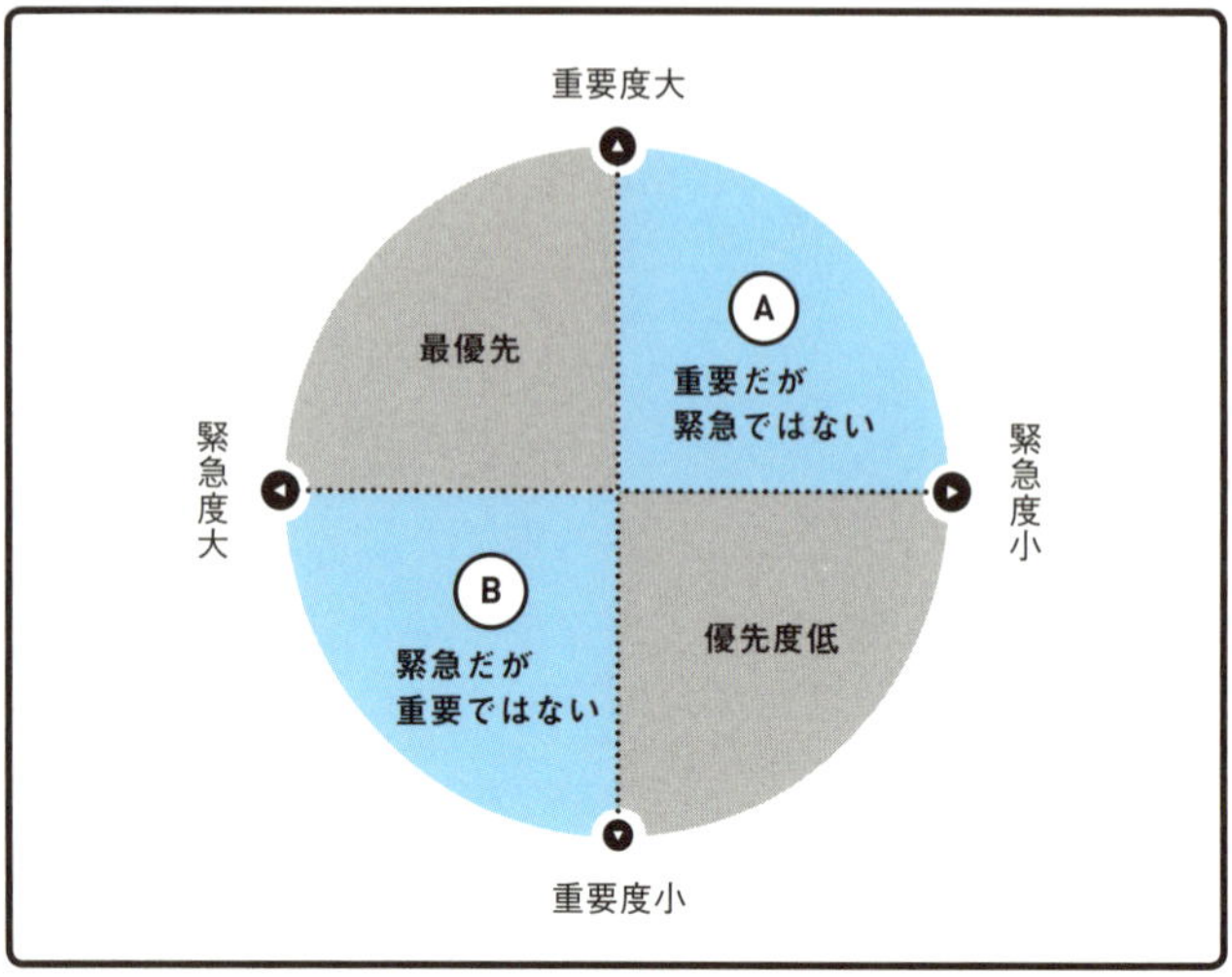


## フロントローディング

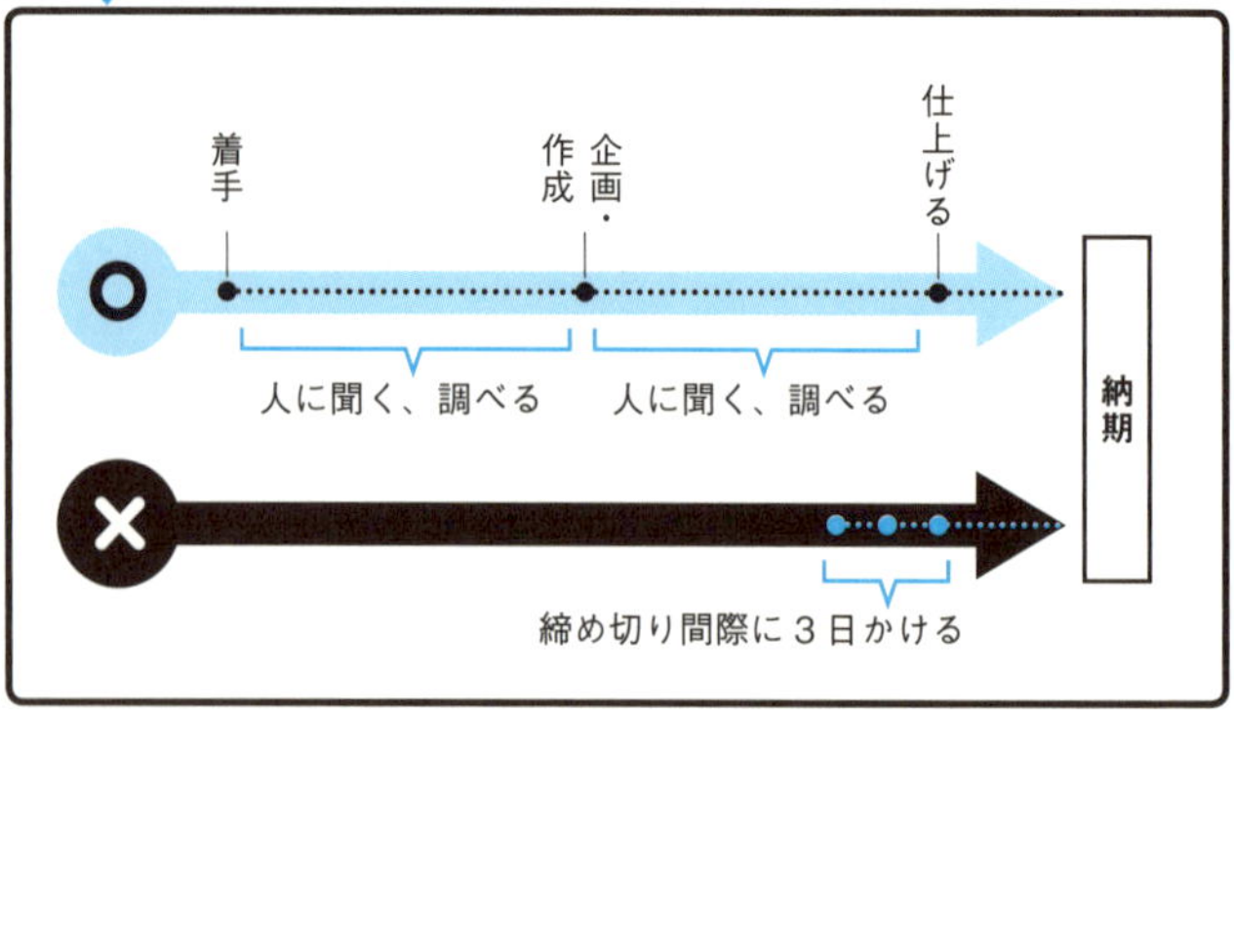

この重要度は、**職場の業績への影響度**で測ります。業績に大きく影響を与える案件は、たとえ緊急度が低くても優先する必要があるのです。

ここで問題になるのが、右図のAとBのゾーンをどう両立させるかです。Bのゾーンの仕事を放置するわけにもいきません。そこで、Aゾーンの仕事に**「フロントローディング」**という方法を活用します。**着手を早くする**ということです。

たとえば、顧客向けの提案書の作成という仕事があって、納期までに1か月あるとします。これは、職場の業績に影響する重要な仕事です。

完成までに3日かかるとしたら、早速、提案書のファイルと目次だけでもつくります。そうすれば、意識が働きます。完成までに何が必要かが意識できるので、人に聞いたり自分で調べたりでき、仕事の質も上げることができるのです。

スケジューリングのポイント

**優先順位は重要度で決め、フロントローディングする**

CHAPTER 1
一歩先を行く仕事の進め方

# 4

# 指示の受け方

GOAL!

完成予想図で
仕上がりイメージを確認する

NG

上司に
同じことを
二度聞いてしまう

OK

メモをとって
一度で指示を
確実に受ける

上司が最も嫌がるのは、指示したことを再び聞かれることです。そんなことになったら、あなたの上司も、「同じことを何度も言わせるな！」と怒るでしょう。

そうならないために活用したいのが、**メモと「5W2H」**です。メモをとることには「忘れないように」という意味のほかに、「あなたの言葉を大切に受け取っていますよ」というメッセージ効果があるのです。

そして、不明な点があれば、When（いつ）、Where（どこで）、Who（誰が）、What（何を）、Why（なぜ）、How（どのように）、How much（いくら）を使って確認します。5W2Hは基本のツールではありますが、いろんな場面で使えるので、必ず覚えておきましょう。こうして、指示を的確に受けるのが基礎です。

ただ、不明点を確認したとしても、完成品が上司（あるいはお客さま）のイメージに合わないということも起こります。それを防ぐのが**「完成予想図」**です。指示を受けたら、素早く完成予想図を作成して上司に見せるのです。

たとえば、クレームの原因を調べて対策についてレポートせよという指示を受けたとし

## 5W2H

| 名称 | 意味 | 指示を受ける際の適用例 |
|---|---|---|
| When | いつ | 納期、スケジュール、頻度 |
| Where | どこで | 納品先、作業場所、配置 |
| Who | 誰が | 相手先、関係者、役割分担 |
| What | 何を | 対象、範囲 |
| Why | なぜ | 目的、背景、必要性 |
| How | どのように | 進め方、使う手法、制約事項 |
| How much | いくら | 予算、目標値、上限値、下限値 |

## 完成予想図の例

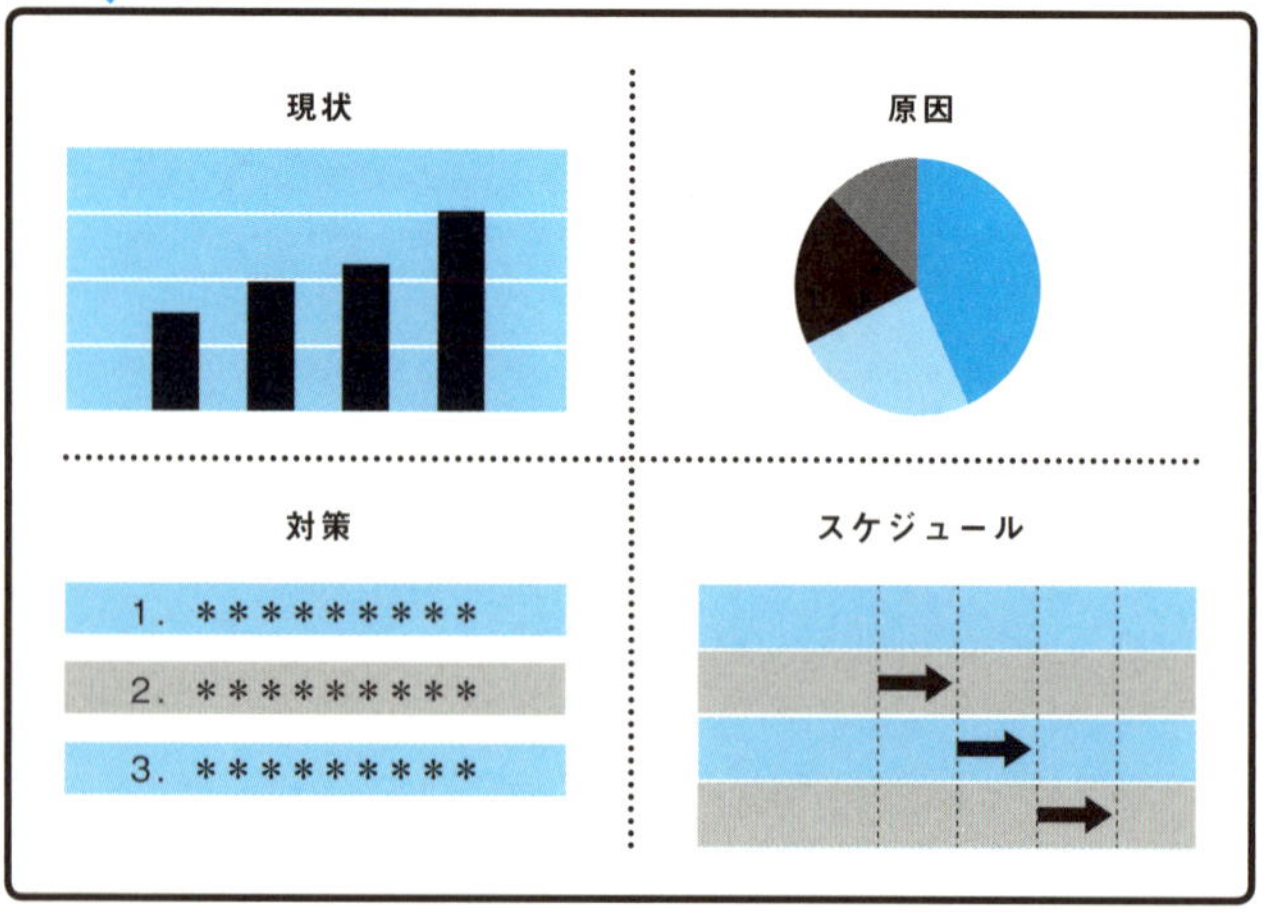

ます。早速、ミスコピーの裏紙を4つに折って完成予想図を作成します。

このとき、指示を受けてから**15分以内に完成予想図をつくり、上司に確認する**のがポイントです。上司の記憶が鮮明なうちに確認します。

この間隔が空いてしまうと、上司も詳細を忘れてしまったり、「こう指示したはず」と誤って思い込むことがあります。

完成予想図はスピード重視。イメージさえ伝わればよいので、文字は項目を書くだけ、内容は「＊＊＊＊＊」のように仮の文章を入れておけばOKです。

完成予想図を上司に見せて、「この方向でまとめてくれ」と言われたら、仕事は8割終わったようなもの。**完成した際に「イメージと違う」と言われる可能性は少なくなります。**

これも、フロントローディングの仕事術です。

指示の受け方のポイント

**指示は5W2Hで的確に受け、完成予想図で確認する**

CHAPTER 1
一歩先を行く仕事の進め方

# 5
# 巻き込み

GOAL!

周囲を巻き込み、
難しい仕事もこなす

NG
何でも
一人でやろうとして
パンクする

OK
適切な
状況判断で
周囲に協力を求める

上司が部下に期待することの1つに、**「何でも一人でやろうとせず、周囲を使ってほしい」**ということがあります。一人の力には限界があります。何でも一人でやろうとすれば、いつかパンクしてしまいます。そうならないよう、周囲に協力を求めることが必要なのです。

「これはまずそう……」と思ったら、まず上司や先輩に状況を説明し、協力を求めましょう。周囲に負担をかけないよう、超人的にがんばって一人でやり遂げようとするのは立派なことですが、万が一パンクしてしまうと、逆に周囲に大きな負担をかけることにもなります。

がんばればできるかもしれないギリギリの状況ならば、「一人で何とかやるつもりですが、もし明日の時点でここまで進んでいなかったら、ご協力をお願いできませんか？」と、チェックポイントを設定して予告します。急に「手伝ってください!!」と言われても周囲は動けません。**事前に根回しをしておく**のです。

よりレベルの高い協力の求め方として**「巻き込み」**という方法があります。

1 仕事の進め方
2 コミュニケーション
3 つき合い方
4 企画・問題解決力
5 ビジネスマナー
6 スキルアップ

## 協力は予告つきで求める

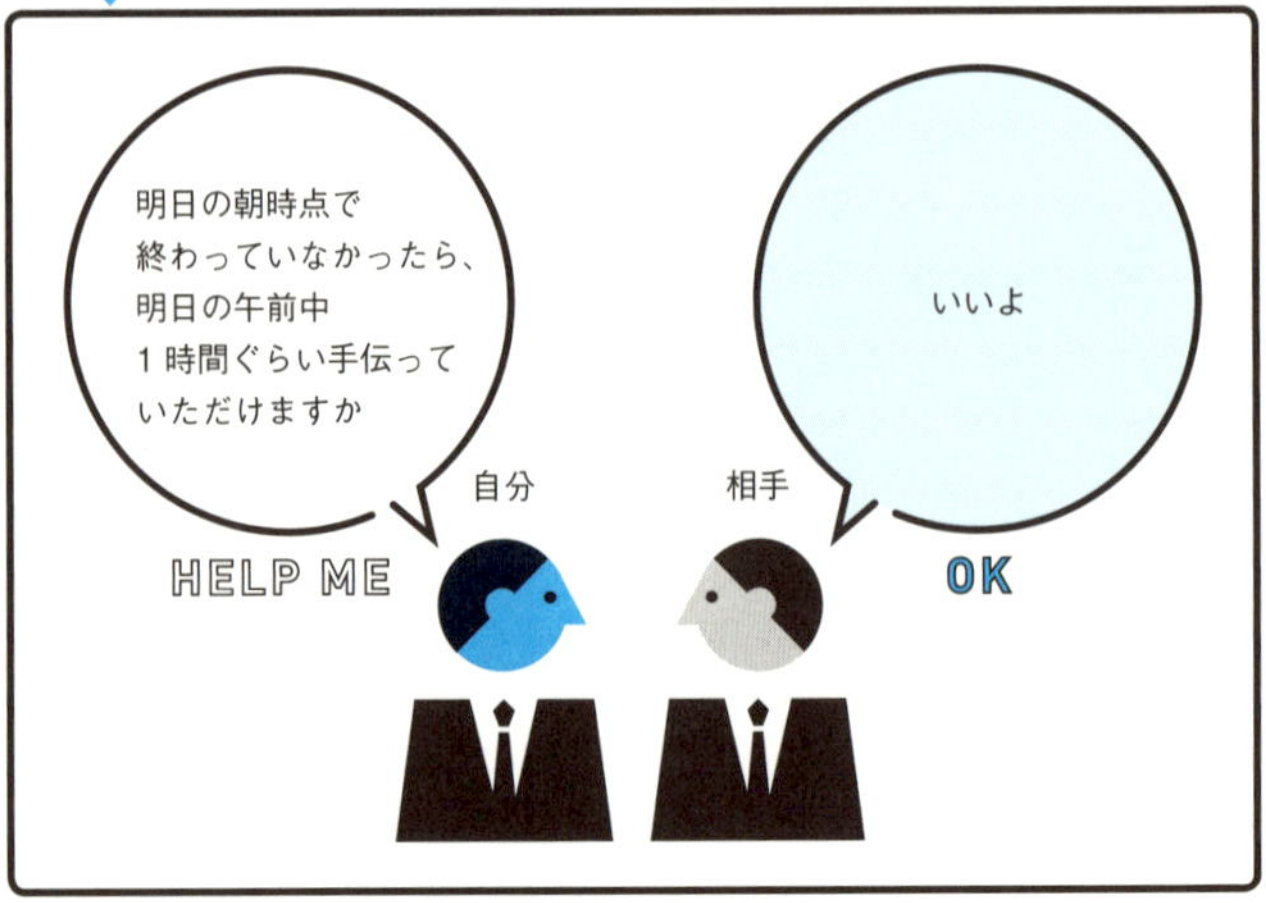


## 巻き込みのための3要素

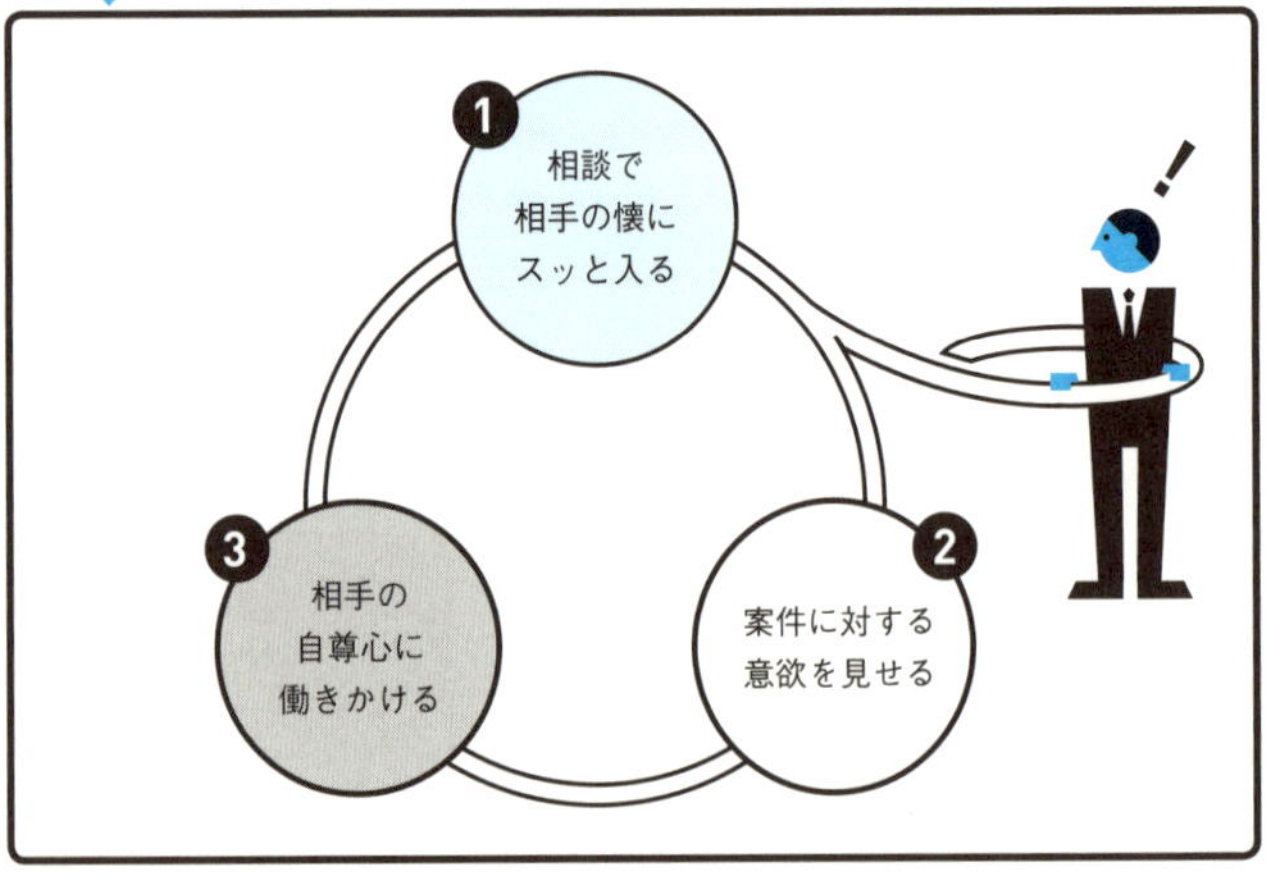

巻き込みとは、自分が中心になるプロジェクトに他者を参加させていくことです。リーダーには必須のスキルといわれているものなので、今のうちから身につけましょう。これから大きな仕事で成果を上げるためにも必要になります。

この巻き込みのポイントは3つ。1つめは**「相談」**という方法です。誰もが忙しい職場で、いきなり大きな仕事に参加を求めても、良い返事はもらいにくいもの。最初は「ご相談なのですが……」と言いながら、スッと相手の懐に入ります。

2つめは**「意欲」**。「この仕事をやり遂げたい」というあなたの意欲を感じると、人は自然に巻き込まれます。

そして、3つめは相手の**「自尊心」**に働きかけること。人は、**「これは、あなたでなくてはできない。あなたが必要です」**というメッセージで動くのです。

巻き込みのポイント

**予告つきで協力を求め、「巻き込み」の技も身につける**

# CHAPTER 2

# ビジネス
# コミュニケーション力の
# 高め方

# INDEX

# 1

# ヒューマンスキル

GOAL!

自分の強み・弱みを
客観的に把握している

NG

対人関係は
苦手なので
放置……

OK

高めるべき
ヒューマンスキルの
全体像を知っている

「ヒューマンスキル」を直訳すると**対人関係能力**です。これは、人に対して発揮する能力で、「コミュニケーション能力」と言い換えてもよいものです。

コミュニケーションの語源は、ラテン語のcommunicare。この言葉には、「同じものを持つ」という意味があります。ここで問題になるのが、相手と自分との間にさまざまな違いがあるということです。

ビジネスコミュニケーションの主な相手である、上司や先輩、お客さまは、年齢や立場、経験や考え方などが自分と異なる場合が多く、時には利害が対立していることもあります。それを乗り越えて相手と同じものを持つことは難しく、それがコミュニケーションの難しさにもつながっているのです。

とはいえ、**コミュニケーションは、ビジネスの根本を支える不可欠なもの**。成果を生み出すまでのプロセスで、コミュニケーションが不要な仕事などありません。

まずは、コミュニケーション能力の全体像を把握しましょう。

## コミュニケーション能力の全体像

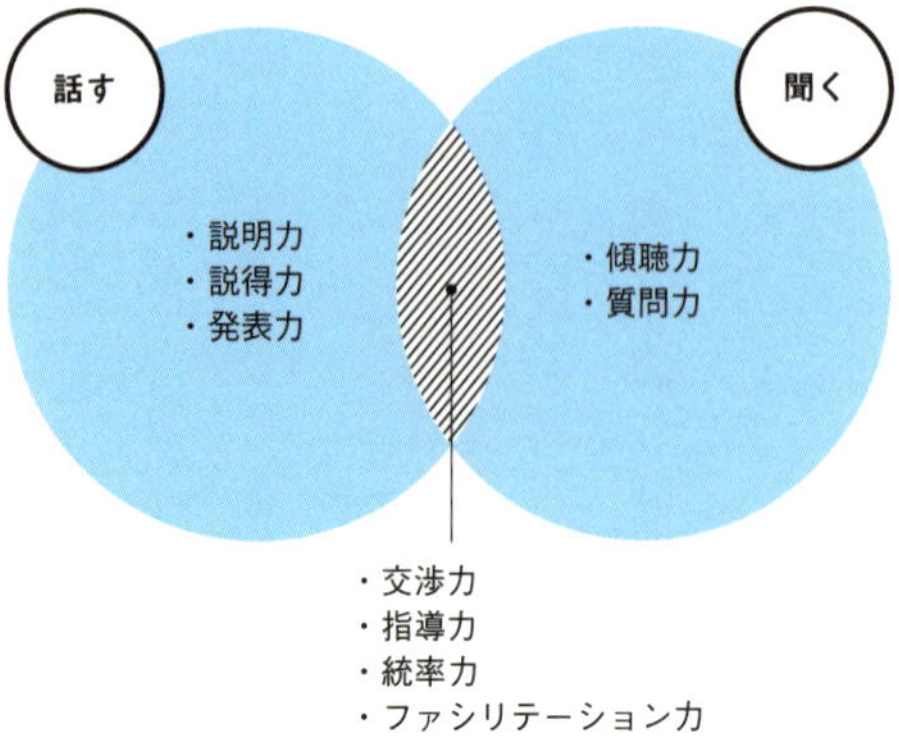


## 各コミュニケーションスキルの内容

| 名称 | 内容 | 自己評価 |
|---|---|---|
| 説明力 | 情報、意見などが相手に伝わるようにする力 | |
| 説得力 | あるゴールに向けて相手の態度を変えていく力 | |
| 発表力 | 大勢の聞き手に向けて話す力 | |
| 交渉力 | 相手とやり取りし、よりよい合意をつくり出す力 | |
| 指導力 | 部下や後輩を教え導いて育てる力 | |
| 統率力 | 目標達成に向け、チームを結束させ先導する力 | |
| ファシリテーション力 | メンバーの意見を引き出してまとめる司会進行力 | |
| 傾聴力 | 相手の話を丁寧に共感的に聞く力 | |
| 質問力 | 適切な質問で相手から情報や意見を引き出す力 | |

右ページの上図が、あなたがこの先、高めていくべきコミュニケーション能力の全体像です。これは、リーダーになり、管理職になっていくうえでも必要です。

下の図の自己評価欄に、5点満点でときどきチェックしてみてください。そうすると、その時点での自分の課題がわかります。

コミュニケーション能力を支えるのは「**対人感受性**」です。これは、相手が何を考えているか、どういう気持ちでいるかを感じ取る力です。私たちに超能力はありませんから、つねにより良く話す、聞くということを心がけ、失敗を通じて学んでいくしか方法はないのです。

幸い、多くの先輩が「こうすればだいたいうまくいく」というセオリーを残してくれています。この章で、コミュニケーションのセオリーを身につけましょう。

ヒューマンスキルのポイント

## コミュニケーション能力の全体像を把握し、定期診断をする

CHAPTER 2
ビジネスコミュニケーション力の高め方

# 2
# 話す力

GOAL!

キッパリと
言い切る！

NG

うつむいて
ボソボソと話す

OK

相手の目を見て、
はっきり話す

話すことは、コミュニケーションを支える大きな要素です。話す力がアップすると、説明力、説得力もアップします。そのためには3つのポイントがあります。

最も大切なのは、**相手の目を見て話す**ことです。そうしないと、さまざまな悪影響が出ます。

研修の中で、ペアをつくって相手の目を見ないで話す実験をすると、聞き手の感想は「話したくないように見えた」「独り言を言っているようだった」「隠しごとがあるように感じた」「自信がなさそう……」とネガティブなコメントだらけになります。それでは、話の内容が良くても、人に良い影響は及ぼせません。

だから、目を見て話す必要があるのですが、これを苦手とする人は意外に多いものです。その対策としては、**考えるときは視線を切り、話すときには合わせるようにする**とよいでしょう。また、目を見て聞く習慣を身につけ、視線を合わせた状態に自分を慣れさせることも効果的です。

2つめは、**はっきりと話すこと**です。具体的には、「I《アイ》メッセージ」を使います。

## 話し方の３つのポイント

**Point 1**　相手の目を見て話す

目を見て話すのが苦手な人は、
→ 考えるときは視線を切る
→ 目を見て聞くことで視線に慣れる

**Point 2**　私（I）を主語にして話す

私を主語にして話すには、
→「私」から話しはじめる習慣にする
→「しました」のように能動態で話す

**Point 3**　言い切る

覚悟を示すために、
→「やります」「できます」と言い切る
→相手の目を見て言い切る

これは、**自分を主語にした話し方**です。特に自分の意見を言う際には、「私はこう思います」と自分を主語にして述べるようにします。「〜だと思われます」といった主語のない表現は、責任回避ととられる可能性があるのでやめましょう。「そうなりました」「こう決まりました」という言い方も主語がありません。「(私は) そうしました」「(私は) こう決めました」という能動態で話します。

最後の1つは、**言い切ること**。上司や顧客から「できるか?」と言われたら、「やります!」と言い切ることが大切です。「できるだけがんばります」というような言い方をする人は信用されません。

「できるか?」は、覚悟を示せという上司からのメッセージです。潔く、「やります!」と相手の目を見て言い切りましょう。

話すカのポイント

**目を見て、私を主語にして言い切れば、説得力もアップ**

CHAPTER 2
ビジネスコミュニケーション力の高め方

# 3
# 口ぐせ

GOAL!

**OKフレーズを口ぐせにしている**

NG

NGフレーズが口ぐせになっている

OK

NGフレーズは使わない

きちんとした仕事をしているのに、よくないフレーズが口ぐせになっているばかりに、印象を悪くしている損な人がいます。

たとえば、上司から「あの仕事はやったのか」と聞かれて、「一応、やりました」と言う人。そういう人は、何を聞かれても「一応、できました」「一応、考えました」と「一応」を連発します。この**「一応」はNGフレーズ**。その影響は大きく、本人の評価を下げてしまいます。

NGフレーズには、大きく分けて3つのパターンがあります。

1つめは、**あいまい系**。「一応」はこのパターンで、はっきりしないいら立ちを相手に与えます。主語がない「だと思われます」も、誰がそう思っているのかはっきりしないあいまい系です。

2つめは、**逃げ腰系**。「できれば、〜したいと思います」など、うまくできない場合に備えて、あらかじめ逃げを打っているような印象を与えるものです。

あいまい系、逃げ腰系は、前項の**「私を主語にして言い切る」**で改善できます。

1 仕事の進め方
2 コミュニケーション
3 つき合い方
4 企画・問題解決力
5 ビジネスマナー
6 スキルアップ

## ビジネスNGフレーズとOKフレーズ

**NG**　口ぐせになりやすいNGフレーズ

**あいまい系**

- 一応、～しました
- だと思われます
- かもしれません

**逃げ腰系**

- できれば、～したいと思います
- 簡単に（すぐに）できることではありませんが
- のどの調子が悪く、お聞き苦しいとは思いますが

**結論遅い系**

- 前提（背景）から申しますと
- 一言で言うのは難しいのですが
- まず～それから～それから

**OK**　口ぐせにしたいOKフレーズ

- 結論から申しますと
- 一言で言いますと
- 早い話が
- 原因（問題／メリット）は〇つあります。１つめは～
- たとえば
- 具体的には

NGフレーズの最後の1つは、**結論遅い系**。相手が聞きたい重要なことや全体像がなかなか見えてこないものです。忙しい上司や先輩は、結論から一言で言うことを求め、「背景から言いますと」「まず〜それから〜」という話し方を嫌います。

これに対しては、**シンプルに相手が聞きたい順に話す**ことが有効です。具体的には、**結論から、全体像から話をします**。

そのことを予感させる「結論から申しますと」「一言で言いますと」「問題が2つあります。1つは〜」といったOKフレーズをぜひ口ぐせにしてください。

それができるようになると、**社外向けのプレゼンテーションも上手になります**。はじめの一歩目として、まずは上司への報告など日常的な仕事の場面から活用していきましょう。

口ぐせのポイント

**相手が聞きたい結論、全体像を話すフレーズを口ぐせにする**

CHAPTER 2

ビジネスコミュニケーション力の高め方

# 4

# ホウ・レン・ソウ

GOAL!

ホウ・レン・ソウの意味を
上司に確認している

NG

ホウ・レン・ソウなんて
どうでもいいと
思っている

OK

ホウ・レン・ソウの
本当の意味を
知っている

ビジネスコミュニケーションの中で「ホウ・レン・ソウが大切」というのはよく言われることですが、今あらためてその重要性が高まっています。それは、上司が部下の動きをつかめなくなったからです。

最近、仕事の多くはPCやスマホなどのIT機器で完結します。上司は、部下の姿を見るだけでは、何の仕事をしていて、どんな状況なのかはわかりません。

**いまや、マネジメントの生命線は、部下のホウ・レン・ソウ。**だから、上司は部下にホウ・レン・ソウをしてくれと要求するのです。

しかし、部下の中には、「ホウ・レン・ソウ」と聞くだけで顔をしかめる人も少なからずいます。それは上司のせいでもあります。上司は「ホウ・レン・ソウをしっかりしてくれ」と繰り返すだけで、具体的にどうしてほしいのかを、はっきり言わないからです。せいぜい、「早く、正確に」と言うだけです。

このように、ホウ・レン・ソウを要求する上司、ホウ・レン・ソウに前向きになれない部下という構図は、もはやどこの職場にもある問題になっているのです。

## 上司との仕事のリンク

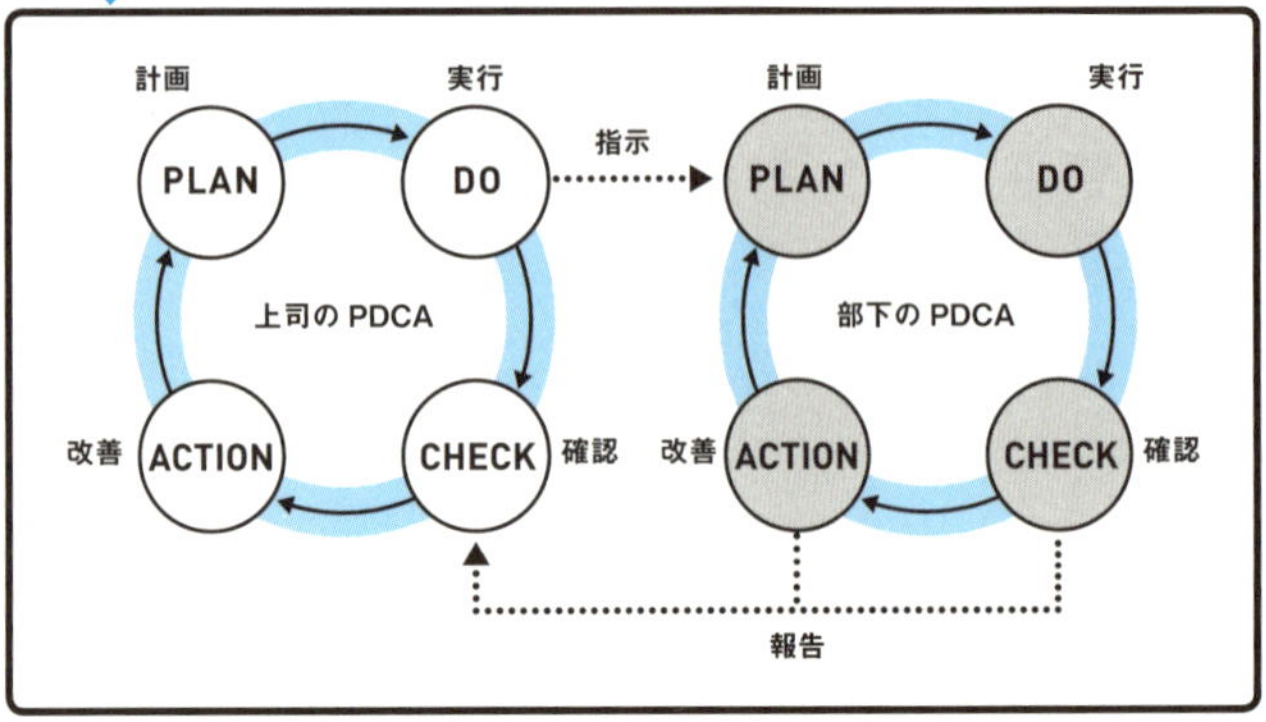


## ホウ・レン・ソウの意味

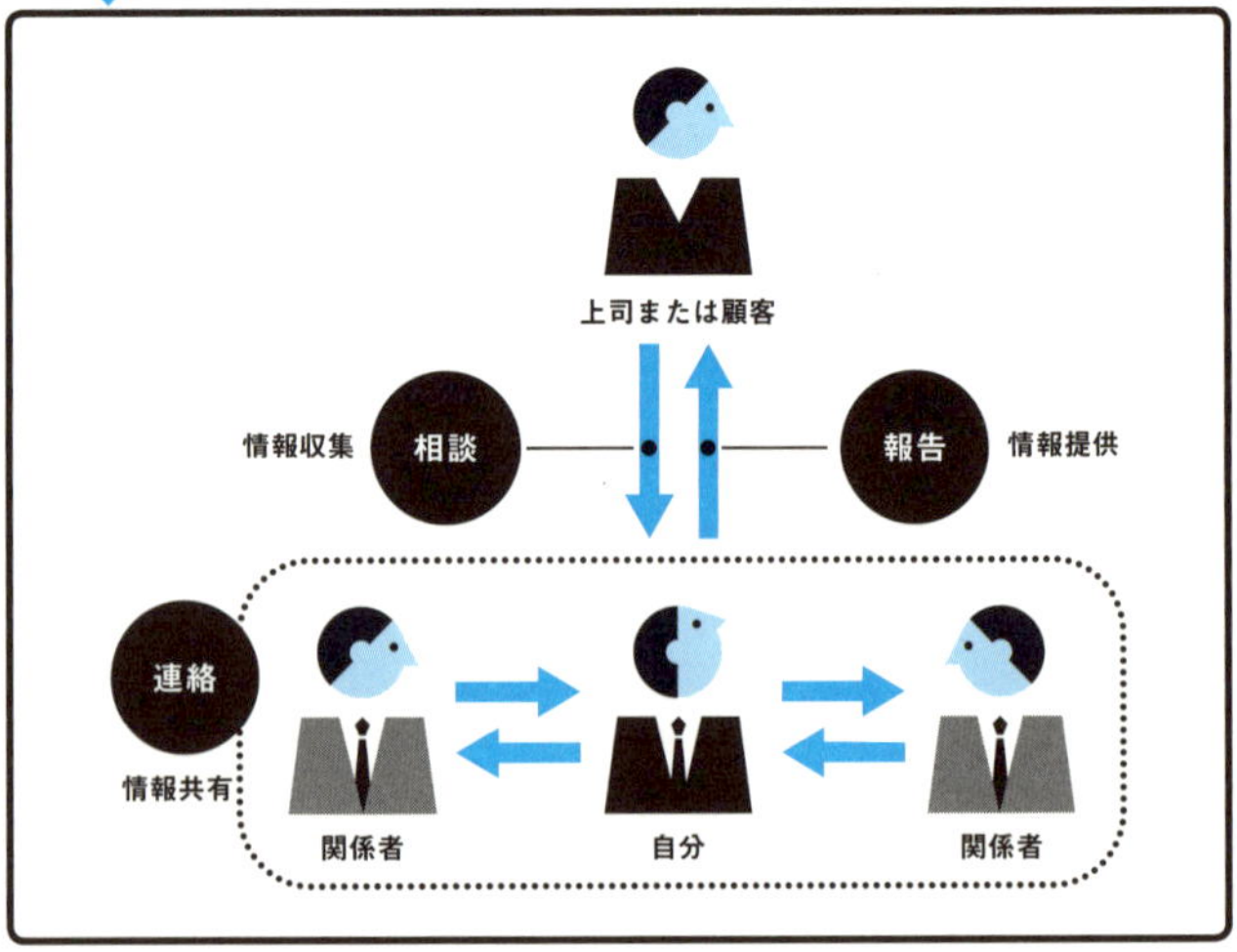

ここであらためて、ホウ・レン・ソウの意味を整理すると、

・**「報告」仕事の発注者に対して、進度や状況、結果を伝える情報提供サービス**
・**「連絡」仕事を前に進めるため、関係者に対して行う情報共有活動**
・**「相談」問題解決のため、他者に意見や助言、判断を求める情報収集活動**

となります。

このように、報告、連絡、相談、それぞれに意味が異なるわけです。このことをあいまいにしている上司も少なくありません。

そこで、上司に右のホウ・レン・ソウの意味を見せて、「こういう認識でよろしいですか？　私が特に意識したほうがいいのはどれでしょうか」と確認しておくと、上司との間に共通認識ができて、仕事をスムーズに進めることができます。

ホウ・レン・ソウのポイント

## ホウ・レン・ソウの本当の意味を知り、上司と確認しあう

1 仕事の進め方
2 コミュニケーション
3 つき合い方
4 企画・問題解決力
5 ビジネスマナー
6 スキルアップ

CHAPTER 2
ビジネスコミュニケーション力の高め方

# 5
# 報告

GOAL!

報告にプラスアルファをつけられる

NG

上司に
聞かれるまで
報告しない

OK

聞かれる前に、
タイミングよく
簡潔な報告をする

報告は、発注者に対する情報提供サービスです。キーワードは、この**「サービス」**という言葉です。求められて行うことはサービスではありません。

たとえば、レストランに小さな子ども連れの家族が来たら、お客さまに言われなくても子ども用のイスを持っていくのがサービス。言われて持っていくのでは、サービスになりません。

報告もそういうものです。**報告で大切なのは、タイミングと簡潔性**です。

タイミングは、**相手が望む時点で行うのが理想**です。上司が望むタイミングは、たとえば役職者会議の2、3日前です。

会議では、チームの動きを上席者に報告する必要があります。上司はその準備のために、チームメンバーが担当している案件がどうなっているかを知っておかなくてはなりません。そんなタイミングで報告をしてくれる部下はありがたいもので、「それ、ちょうど聞こうと思っていたよ」と言われたら、それはベストタイミングだったということになります。

簡潔性については、報告の3つの原則を活用するとうまくいきます。

## 報告の3原則

| 原則 | トーク例 |
|---|---|
| ❶ 結論から話す | 結論から申しますと |
| ❷ 全体像から話す | 一言で言いますと or ○つあります |
| ❸ 事実と意見を分ける | 事実はこうでした。私は〜だと思います |

## 報告に加えるプラスアルファ

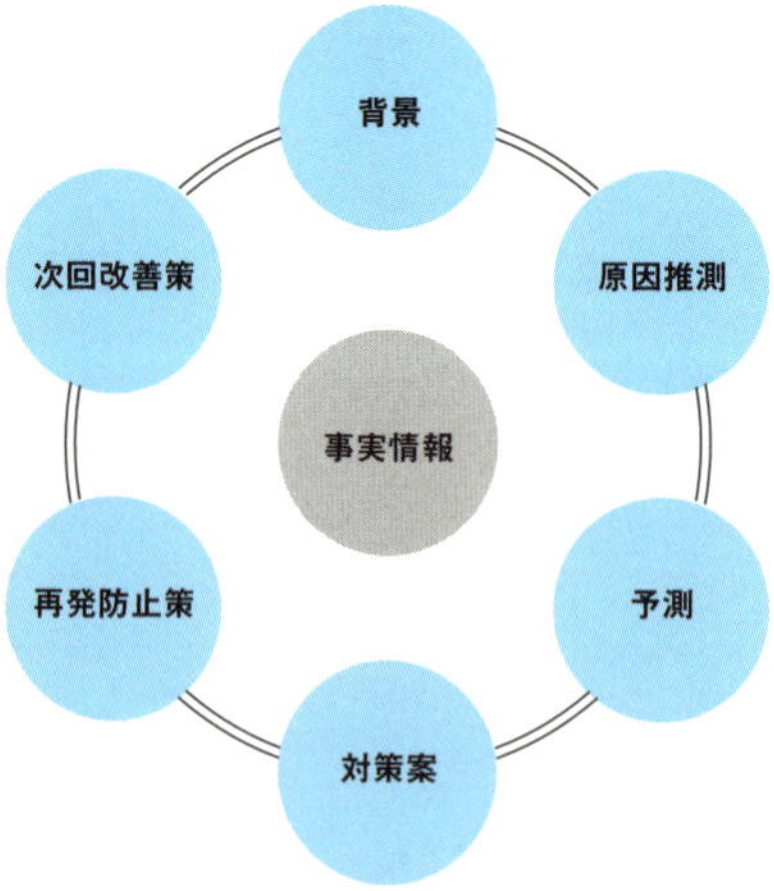

右上の表の3原則を活用すると、「プロジェクトの進捗についてご報告します。結論から申しますと、計画に対して1週間遅れで進行しています。原因を一言で言いますと、メンバーの欠席が多いことです。私は重要性が理解されていないのだと思います」と簡潔に伝えられます。また、原因が複数ある場合は、「原因は2つあります。1つは」と話すと、全体像を早く伝えられます。

事実だけではなくプラスアルファがあると、「やるね」と言われます。たとえば、前出のプロジェクトの進捗報告に、遅れを取り戻す対策案を足すなどです。

**報告とは、自分の仕事の成果を上司に正しく伝えるプレゼンの場だと考えましょう。** 適切な報告ができると、あなたの評価も上がりますよ。

報告のポイント

## 報告は3つの原則に基づいて行い、プラスアルファをつける

CHAPTER 2
ビジネスコミュニケーション力の高め方

# 6
# 連絡

GOAL!

相手に応じて
適宜フォローする

NG
「メールしとけば
OKでしょ」
と思っている

OK
言ったことが
伝わったかどうか
確認する

連絡は、横方向の情報共有活動です。そして、**関係者全員がきちんと情報を共有できることがゴールです**。

これができるようになると、プロジェクトで重要な役割を与えてもらえるようになります し、将来プロジェクトリーダーとしてやっていく際の力になります。

多くの場合、連絡は複数の相手と行います。なかには、立場、知識、スキルの異なる相手が混ざっていることもあります。情報の受け皿が違うわけです。

そんな状況で、効率よく情報共有を実現するためには、3つのアクションが必要になります。それは、**①文書の発行**、**②確認**、**③フォロー**です。

文書は、関係者に同じ情報を届けることに役立ちます。文書は連絡の土台になるもので、通常は**CCメール**でなされます。

しかし、どんなにわかりやすい文書を作成しても、それだけで伝わるとは限りません。

そこで、必要になるのが**確認**です。とはいえ、全員に確認するのは、やはり時間がかかるものです。

## 連絡のフローチャート

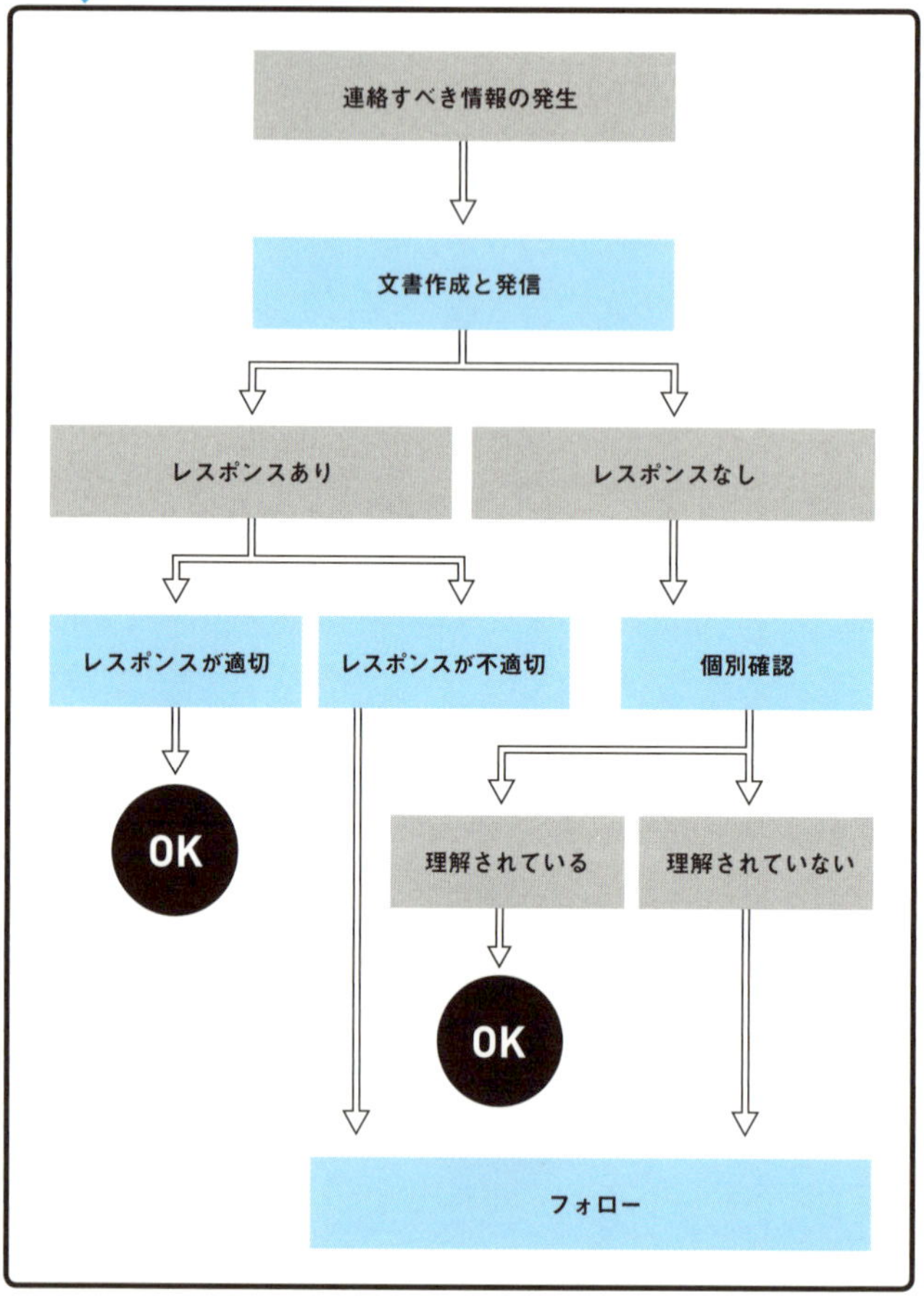

連絡すべき情報の発生
文書作成と発信
レスポンスあり
レスポンスなし
レスポンスが適切
レスポンスが不適切
個別確認
OK
理解されている
理解されていない
OK
フォロー

たとえば、「了解」の返信が来ている人は除外してよいでしょう。

問題は、レスポンスのない人です。送った文書を読んでいないかもしれません。ここからは、CCメールではなく**個別連絡**をします。

この場合、メールではなく、電話を利用するのも効果的です。メールをまめに読まない人もいて、電話のほうが早く確認できる可能性があるからです。

最後のポイントが、**フォロー**です。連絡相手の中には、前提になる基本事項をよくわかっていない人もいます。そういう相手には、個別のフォローが必要です。これも、電話、あるいは直接会って話をするといった方法がよいでしょう。

**「連絡が上手な人」といわれることは、「仕事がしやすい人」といわれるのと同じです。**

あなたも、そんなビジネスパーソンを目指しましょう。

連絡のポイント

**連絡は文書、確認、フォローで、情報共有を実現する**

# 7
# 相談

GOAL!

相手の負担を減らせる
相談ができる

NG

誰にも相談せず
一人で抱えている

OK

必要なときに
上司に相談する

最近の上司は、部下が相談してこないことに不満を持っています。実際、管理職の方から、「聞いてくれればすぐ解決できるのに、ネットで調べている部下がいて……」という声をよく聞きます。

一方で、部下のみなさんに「なぜ上司や先輩に相談しないの？」と聞くと、「忙しそうで遠慮してしまうから」という話をよく聞きます。しかし残念ながら、その思いは、上司や先輩には届いていません。

やはり、相談はしたほうがよさそうです。かといって、何でもかんでも相談すると、「いちいち聞くな！　少しは自分で考えろ」と言う上司、先輩もいます。そこで、**相談すべきことと、自分で判断することを適切に分ける必要が出てきます。**

そのためには、第1章の24ページに出てきた「重要度」、つまり職場の業績への影響度がポイントになります。

相談は、問題解決のための情報収集活動です。その問題が、会社の業績や評判に影響することなら相談すべきことで、影響がなければ自分で判断してよいことです。

## 相談のフローチャート

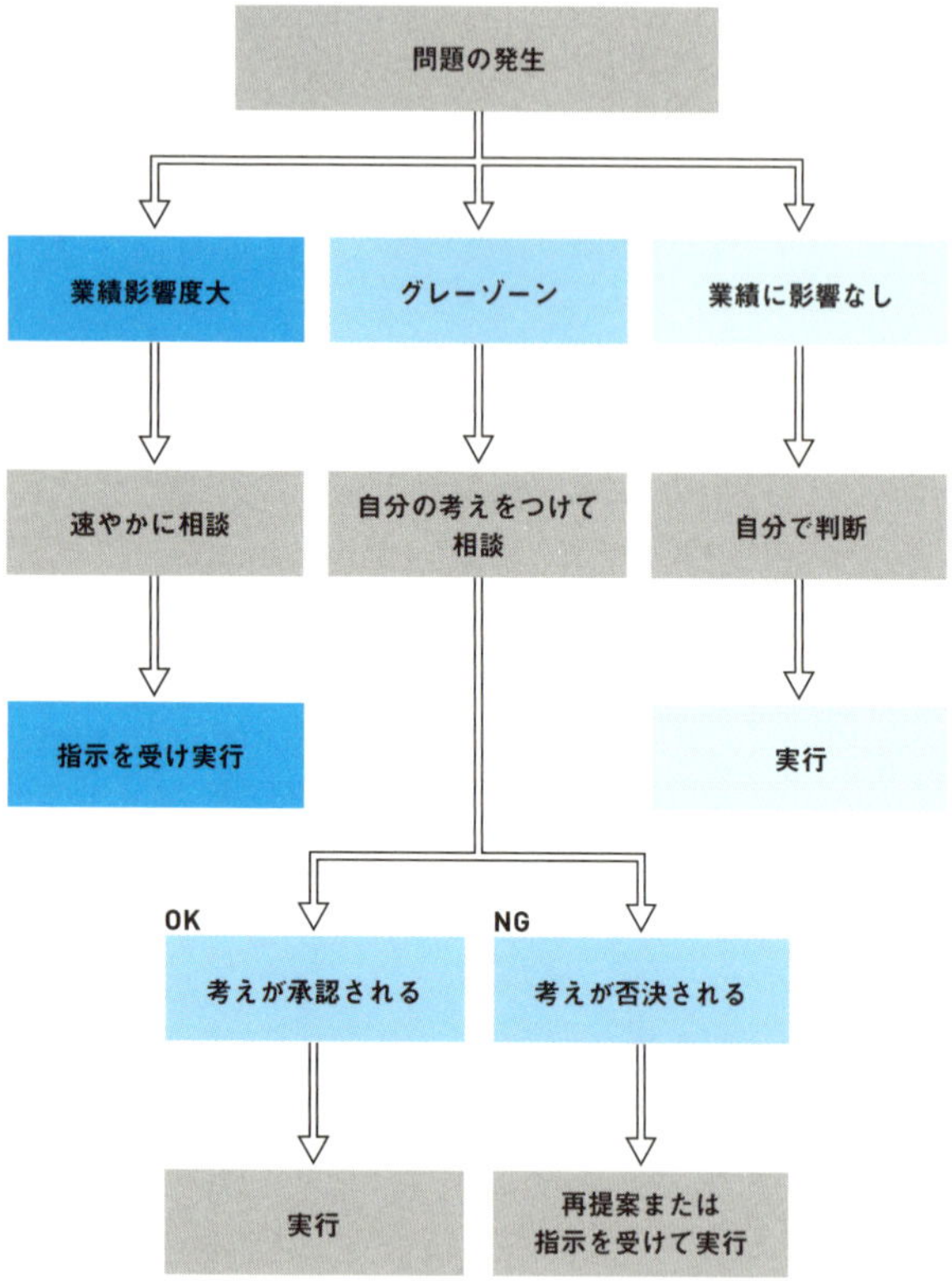


相談時の自分の考えが、複数の解決策になっていればさらによい。

難しいのは、影響度が中程度のグレーゾーン問題の扱いです。その場合も相談はしたほうがベターですが、工夫が必要です。

相談しようとすると「少しは自分で考えろ」と言う上司や先輩には、「答えを考えるのが負担」という気持ちがあるので、その負担感を和らげます。そのための良い方法は、**自分なりの解決策を提案する**ことです。

たとえば、お客さまからのクレームがあったとき、「どうしましょう？」しか言わないと、上司や先輩はあなたに代わって解決策を考えなくてはなりません。

そこで、「1500円の配送費を無料にして収めたいと思うのですが、いかがでしょうか？」と自分なりの解決策を提案するのです。そうすることで、上司や先輩の負担感を減らすことができます。

相談のポイント

## 業績に影響の出ることは相談。自分なりの解決策を提案する

# CHAPTER 3

# 上司、先輩、顧客とのつき合い方

## INDEX

CHAPTER 3

上司、先輩、顧客とのつき合い方

# 1

# 上司、先輩、顧客との関係性

GOAL!

**上司は顧客、先輩は超えていく存在と考える**

NG

上司や先輩は
自分に何かをしてくれる
存在だと思っている

OK

努力や工夫をして
上司や先輩と
良い関係を築く

ビジネスコミュニケーションの主な登場人物は、上司、先輩、お客さまです。これに、他部署の社員、外部のビジネスパートナーを加えた人々と、どううまくやっていくかが課題になります。

あなたにとって、最も影響力のある登場人物は、やはり上司でしょう。あなたに役割や仕事を与え、あるときは助けてくれる存在でもあり、時には困った障害物になってしまうかもしれない存在だからです。

私は上司を、**「社内クライアント」**と考えることをおすすめしています。

クライアントとは「お客さま」のこと。仕事、売上・利益をくれる重要な存在です。自社の運命はお客さましだいなので、圧倒的に優位な立場だといえるでしょう。

お客さまは、時にわがままなこと、理不尽と思えることも言ってきます。あなたはそれに対応しつつ、より大きな売上・利益に結びつくようなアクションをするはずです。

上司も同じです。上司は仕事や役割、チャンスをくれ、あなたの評価をする重要な存在

## コミュニケーションの対象

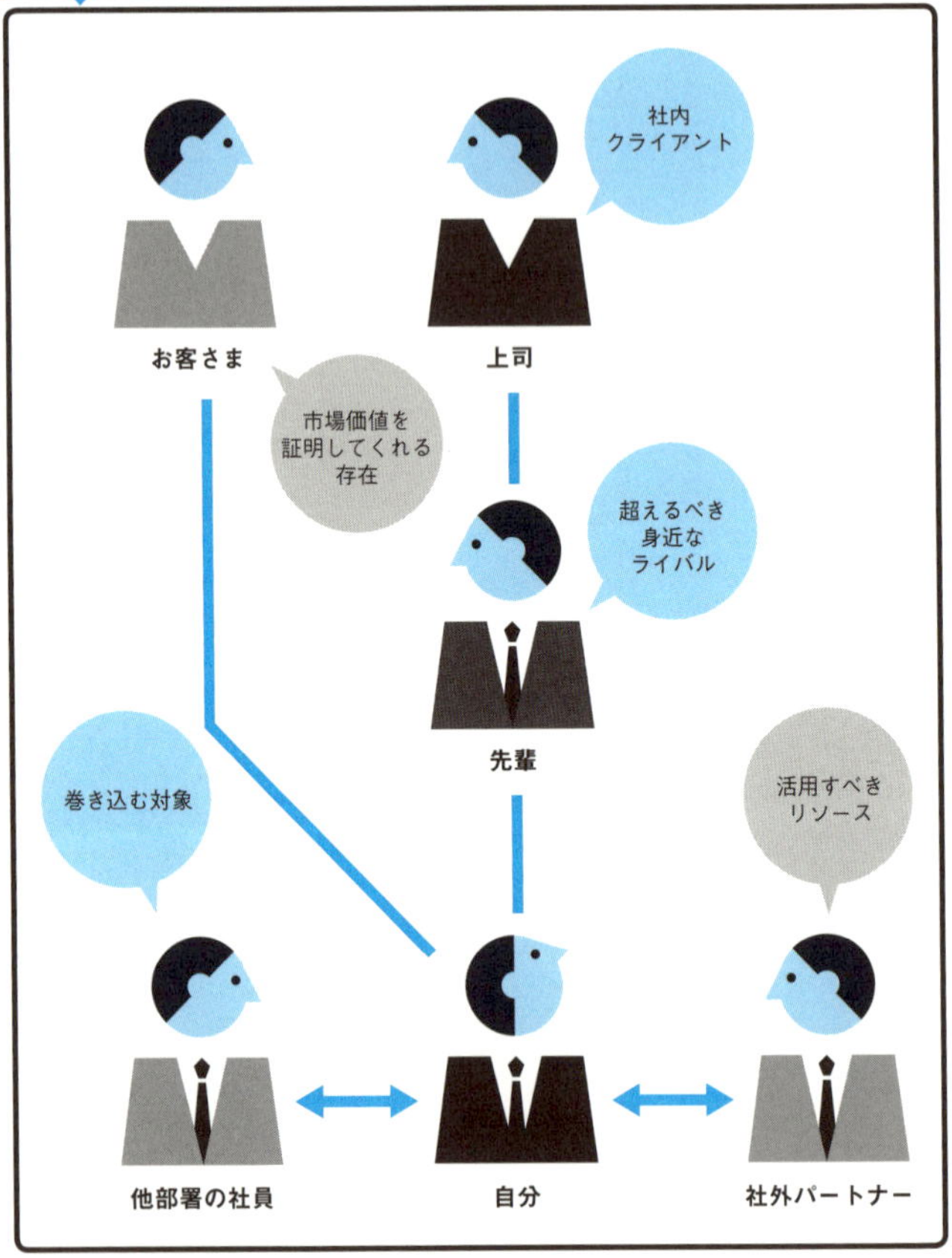

です。あなたの運命は上司しだいと言ってもいいでしょう。

あなたは、上司からより大きなチャンスをもらい、評価されるよう努力する必要があるのです。

一方、先輩は**あなたが超えていくべき身近なライバル**です。時にはあなたを助けてくれたり、癒してくれる存在ですが、決して本当の兄、姉ではありません。

努力や工夫をして円滑な関係を築く必要はありますが、それはあなたにとってより良い仕事環境をつくるための手段であって、目的ではないのです。

そして、お客さまは**あなたの市場価値を証明してくれる存在**です。お客さまに認められれば、上司も先輩もあなたを認めてくれるでしょう。

上司、先輩、顧客との関係性のポイント

## 上司、先輩、お客さまと、それぞれ適切なコミュニケーションを

CHAPTER 3

上司、先輩、顧客とのつき合い方

# 2

# 聞き方

GOAL!

相手がもっと話したくなる
聞き方ができる

NG

「言ってること
わかる？」
と言われてしまう

OK

相手の話を
きちんと
聞いている

人間関係をつくっていくうえで、「聞く」ことは「話す」ことと同じぐらい、時にはそれ以上に重要なスキルです。問題になるのは、本人がきちんと聞いているつもりでも、相手からそう見えない人がいることです。

**上司から「言ってることわかる?」と言われてしまう人は要注意**です。上司は、「反応がないけど、ちゃんと聞いてるの?」と言っているわけですから。

そうならないための聞き方のポイントは3つあります。

1つは、**目を見て聞く**ことです。資料があると、つい資料にばかり目をやってしまいがちなので、気をつけましょう。

2つめは**あいづち**です。あいづちがないと、反応がないように見えてしまいます。相手のリズムに合わせて打つのが理想ですが、良い練習方法があります。

テレビのニュース番組で、原稿を読むアナウンサーをよく見てください。自分でもかすかにうなずきながら話しています。それに合わせてうなずいてみるのです。そして、うなずく際に「はい」「ええ」という言葉を加えます。

### 聞き上手の3つのポイント

**Point 1**　相手の目を見て聞く

**Point 2**　良いあいづちを打つ

↓

- □ 相手のリズムに合わせてうなずく
- □ バリエーションのあるあいづち言葉を使う
  ※「はい」「ええ」「承知しました」のように３種類

**Point 3**　重要なキーワードを繰り返す

相手は、自分のリズムで話せれば心地よく、もっと話したくなるものです。また、あいづちの言葉は、「はい」「ええ」「承知しました」のように、3種類ぐらいバリエーションがあると単調にならず効果的です。

良い聞き方の最後のポイントは、**相手の言葉を繰り返す**ということです。相手が強調している言葉は、重要なキーワードですから、それを繰り返します。

たとえば、上司が「今期は新規開拓を一番のテーマにする」と言ったら、「新規開拓ですね」と繰り返す。そうすることで、上司は「大切なことがきちんと伝わっているな」という安心感を持ちます。

このように聞けば、「言ってることわかる?」などと言われなくなるだけでなく、聞き上手の仲間入りができるでしょう。

聞き方のポイント

## 目を見て相手のリズムであいづちを打ち、重要なことは繰り返す

CHAPTER 3

上司、先輩、顧客とのつき合い方

# 3

# 詫び方

GOAL!

さわやかに話が終わる
詫び方ができる

NG

お詫びしても、
言い訳と
とられてしまう

OK

相手が
納得する
詫び方ができる

できれば、お詫びをするようなシーンはつくりたくないもの。でも、仕事をしていれば、詫びなくてはならない状況は必ずやってきます。

そんなとき、自分は詫びているつもりでも、相手には言い訳にしか聞こえない話し方をしてしまうことも……。そうならない詫び方とはどんなものでしょうか。

相手がお客さまであろうと、上司や先輩であろうと、詫び方の順序は決まっています。それは、**「お詫び→結果→原因→対応・再発防止策」**という順です。

たとえば、はじめに「申し訳ありません。納品の数を間違えました」と、**お詫びの言葉と結果をストレートに伝えます**。そして、「原因は私が数字を読み間違えたからです」と、**自分の非を認めます**。ここがポイントです。

このような場合、つい「お客さまの書いた発注書の数字が読みにくかったので……」と、自分以外の人のせいにしてしまいがちです。実際にそうだったとしても、それだけしか言わなければ、相手は納得しないでしょう。

## 相手が納得する詫び方

お詫びの言葉

↓

招いた結果

↓

原因（自分にも非があると言う）

↓

対応・再発防止策

↓

上司・先輩からの注意、アドバイス

↓

お礼を述べる

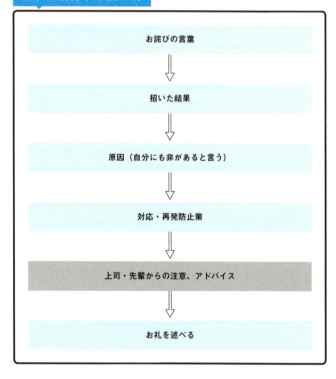

たとえば、「数字が読みにくかったということはありましたが、私が確認すべきでした」と、自分にも非があることを認めたほうが相手も早く納得します。

あとは**対応**を述べ、「今後、読みにくい数字については、先方に確認するようにします」と**再発防止策**を述べて締めます。これが、相手が納得する詫び方です。

ここで、上司から「配送先の住所なども読みにくい場合があるから確認するように」などと、アドバイスをされることがあります。その際は、「気をつけます」という言葉だけでなく、「ありがとうございます」の一言を加えます。

そう言われると、上司はさわやかな気分になれるものです。これは、注意されたときも同様です。**上司や先輩に注意やアドバイスをされたら、最後は必ずお礼の言葉で締めましょう。**

詫び方のポイント

**「お詫び→結果→原因→対応・再発防止策」の順にお詫びをする**

CHAPTER 3

上司、先輩、顧客とのつき合い方

# 4

# 敬意の表し方

GOAL!

相手の気分が良くなる
賞賛の仕方をする

NG

「きみに言われ
たくないよ！」と
思われてしまう

OK

適切な表現で
敬意を
表せる

上司や先輩、他部署の社員は、いざというときに協力してくれる大切な存在です。そんな人々を良い気分にさせることには、あなたの仕事環境を整えるという大切な意義があります。

**良い気分にさせるには、敬意を表するのが一番**。それは、軽薄なゴマすりとは違います。自分が尊敬できると思った点は、どんどん言葉にするとよいでしょう。

ここで問題になるのが言い方です。たとえば、上司に向かって「課長は仕事が早いですね！」と言ったとします。自分では敬意を持って賞賛したつもりでも、上司の中には素直に受け取れない人もいます。コメントの中に「評価」のニュアンスを感じ取り、「きみに言われたくないよ」という気分になるからです。尊敬の念から言った言葉が、逆効果になってしまうのではたまりません。

この「課長は」のように**相手を主語にしたほめ言葉には、評価のニュアンスが混ざる**ので要注意です。では、どうすればよいでしょうか？

同じことでも、自分を主語にして、「（私は）課長のようなスピードで仕事ができるよう

## いざというとき、自分に協力してくれる人々

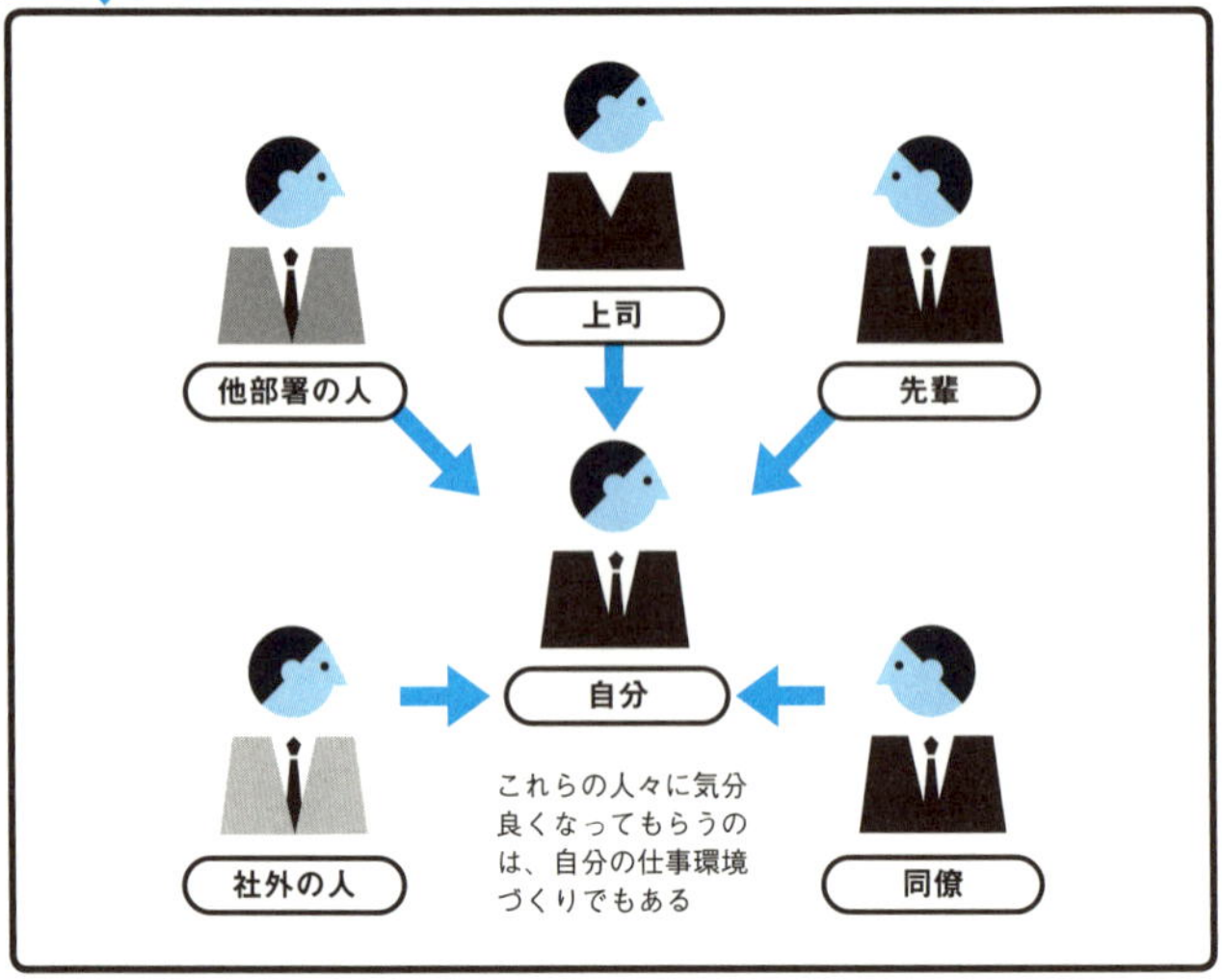


## 敬意を表す４つの方法

| メッセージタイプ | 効果 | 解説 |
|---|---|---|
| Youメッセージ | △ | 「課長は仕事が早いですね」という表現。相手によっては、評価のニュアンスを感じる |
| Iメッセージ | ◎ | 「私は課長のようなスピードで仕事ができるようになりたいです」という表現で効果的 |
| Weメッセージ | ○ | 「みんな課長のことを尊敬しています」という表現。みんなが誰か、やや不明瞭 |
| 感謝 | ◎ | 「困ったとき、アドバイスをくださるので感謝しています」という表現。オールマイティー |

になりたいです」と言えば、評価のニュアンスはなくなります。

先輩に対しても、「（私は）○○先輩を目標にしています」というように話せば、相手は素直に喜ぶでしょう。

**「感謝しています」というのも、自分を主語にした賞賛の言葉**です。「いつもアドバイスをしてくださって、（私は）感謝しています」「身近に経験豊富な先輩がいてくださって、（私は）ありがたいと思っています」というように、いろんな場面で使えます。

このような対人関係のスキルは、将来あなたがリーダーになったときに、チームメンバーを動かす力にもつながるものです。まずは、身近な人々を気分良くさせるようなコメントの練習をしましょう。

敬意の表し方のポイント

## 敬意を表すときは自分を主語に。感謝はオールマイティーな賞賛 ──

CHAPTER 3
上司、先輩、顧客とのつき合い方

# 5
# 雑談力

GOAL!

雑談を通じて
人間関係を深められる

NG
雑談は
苦手なので、
極力避ける

OK
年の離れた
相手とも
雑談できる

ビジネスの場面で、雑談や世間話をしなくてはならないことがよくあります。平成の名経営者として著名な永守重信《ながもりしげのぶ》さん（日本電産株式会社のトップ）は、新入社員に向けて、「これからは英語力と雑談力が必要」とおっしゃっています。それぐらい、**雑談は意外に重要なビジネススキル**と考えられています。

ところが、若手社員の中には雑談を苦手にしている人が多く、特に「年の離れた相手だと、何を話してよいかわからない」という声をよく聞きます。

**雑談のポイントは、「話す」ことよりも、「聞く」ことです。**自分が話すのではなく、相手に話をさせるのです。

相手に話をさせるために必要なのは**「質問」**です。この質問は、イエス／ノーのように答えが限られる「クローズ質問」と、自由に答えられる「オープン質問」の2つに分けられます。

雑談の主役は、この**オープン質問**です。これは、28ページに出てきた「5W2H」のことを指します。たとえば、「趣味はありますか?」というのはクローズ質問で、「趣味は何

## 質問の種類

質問

- クローズ質問
  答えがイエス・ノーなどに限られる質問
- オープン質問
  自由に答えられる質問（5W2H）

## オープン質問の使用例

| 種類 | 意味 | 趣味（街歩き）への質問例 |
|---|---|---|
| When | いつ | いつ街歩きをするのですか？ |
| Where | どこで | どこの街を歩くのですか？ |
| Who | 誰が | 街歩きは誰とするのですか？ |
| What | 何を | 街を歩いていて、目がいくのは何ですか？ |
| Why | なぜ | 街歩きをはじめたきっかけは？ |
| How | どのように | 街歩きはどのようにするのですか？ |
| How much | いくら | どのぐらいの時間歩くのですか？ |

| | | |
|---|---|---|
| トッピングの言葉 | 一番 | 一番を選ぶ楽しさがある |
| | 今後 | プランを立てる楽しさがある |
| | もし | 空想する楽しさがある |

ですか？」というのはオープン質問です。

このオープン質問を使えば、話題を広げることができます。趣味の話になって相手が「街歩きが好き」と言ったら、「最近はどこに行きました？」「どなたと行くのですか？」「なぜ街歩きが好きになったのですか？」と聞いてみるのです。

そして、相手が話している間は、前出の「よい聞き方」（↓72ページ）をします。こうして**相手に多く話をさせれば、スムーズに雑談ができます。**

さらに、質問のバリエーションを増やすためのトッピングも覚えておきましょう。それは、**「一番」「今後」「もし」**という言葉です。たとえば、「一番好きな街はどこですか？」と聞けば、相手は一番を選ぶ楽しさを感じます。これらを効果的に使えば、雑談を通じて、相手を気分良くさせることができるのです。

雑談力のポイント

**オープン質問に、相手を楽しませるトッピングを**

CHAPTER 3
上司、先輩、顧客とのつき合い方

# 6
# 苦手な相手への対応

GOAL!

相手のタイプを知り、
ベストな対応ができる

NG

苦手な存在から
ひたすら逃げる

OK

どんな相手でも
対応できる

上司、先輩との関係がうまくいかないと、ビジネスライフはハッピーになりません。上司や先輩は選ぶことができないので、どんな相手でも対応できる力を身につけておくことが大切です。

そのためには、**自分が苦手としやすいタイプはどんな人で、そのタイプの人にはどういう対応が理想的か**、を知っておく必要があります。

ここでは、人をざっくりと分けて対応を考えます。タイプ論の中で比較的スタンダードな「ソーシャルスタイル理論」では、人を4つに分けています。

それは、「エクスプレッシブ」（パッと決めてすぐ動く直感と行動の人）、「ドライバー」（何ごとも合理的に進めたい成果と効率の人）、「エミアブル」（受け身で協調的ないい人）、「アナリティカル」（何ごとにも慎重に考える人）です。

あなたはどのタイプに近いですか？　では、次ページの上の図を見てください。**この対角線上が苦手としやすいタイプ**なのです。対角線上のタイプは、自分とは感覚が大きく異なるため、「なんであの人はあんなことを言うのだろう」と必死に考えても答えは見つか



1 仕事の進め方
2 コミュニケーション
3 つき合い方
4 企画・問題解決力
5 ビジネスマナー
6 スキルアップ

## 人材タイプ

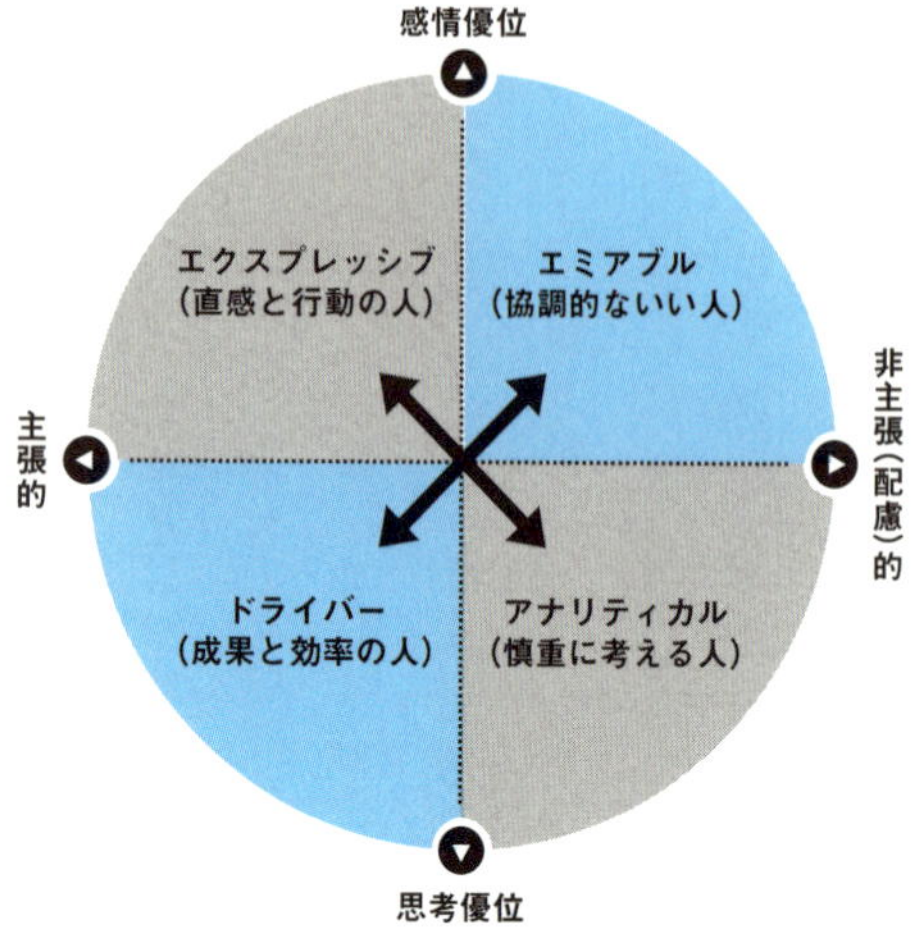


## タイプ別の対応

| タイプ | そのタイプに向けた対応 |
|---|---|
| エクスプレッシブ（直感と行動の人） | だいたいでいいのですぐにやる。一言で言う |
| ドライバー（成果と効率の人） | 言われたとおりにやる。単刀直入に簡潔に話す |
| エミアブル（協調的ないい人） | 相談しながら自主的に動く。丁寧に話す |
| アナリティカル（慎重に考える人） | 計画的に動く。資料やデータをもとに話す |

りません。

ここは、**「自分とは違うタイプなんだ」**と割り切ってください。そして、相手のタイプに合わせた対応（右ページの下図）を実践します。

目の前に苦手な上司、先輩がいる状況はつらいですが、この先の対応力を高める大きなチャンスだと考えてください。今はその人から逃げられても、同じタイプの人と再びめぐりあうものです。いま、苦手なタイプに対応する力をつけておけば、これから出会う同じタイプの人に対応できる力がつくのです。

実は、対角線のペアはお互いを苦手にしやすい一方で、お互いに補完しあえるゴールデンペアでもあります。**自分の不得意分野は、相手の得意分野。**自分の弱みを補ってくれるとともに、自分の弱みを改善するための手本にもなるのです。

苦手な相手への対応のポイント

## 苦手なタイプはお互い補完しあえる存在と考える

CHAPTER

# 4

# 企画力・
# 問題解決力の
# 高め方

## INDEX

# 1
# 頭の使い方

GOAL!

「考える力」の伸ばし方を知り、
実践している

NG
上司によく
「もっと自分の頭で考えろ！」
と言われる

OK
ビジネス上の
「考える力」の中身を
知っている

ビジネスパーソンたるもの、自分の頭で物事を考えられないと一人前とはいえません。ビジネスでは、企画をつくる、問題を解決する、改善提案をするなど、毎日「考える」ことが求められます。そのためには**「頭の筋肉を鍛える」**必要があります。本章の「コンセプチュアルスキル」は、いわば仕事のための頭の筋肉です。

頭の筋肉は、学生時代に勉強ができたかどうかと関係ありません。**試験で満点を取るのと、仕事で成果を生み出すのとでは、頭の使い方が違います。**そして、頭の筋肉は生まれつきのものではなく、後から努力で強化できるものです。

ビジネスの場では、答えは1つではなく、正解は誰もわからないことさえ多いもの。そんななかで、自分の頭で考え、成果を出すためには何をすればいいのでしょうか？

企画や問題解決、改善提案をするために必要な能力には、3つのものがあります。それは、**①分ける力、②まとめる力、③生み出す力**です。

たとえば、**「分ける力」**のある人はAKB48のことをよく知らなくても、メンバーを分

1 仕事の進め方
2 コミュニケーション
3 つき合い方
4 企画・問題解決力
5 ビジネスマナー
6 スキルアップ

## 考える力の中身

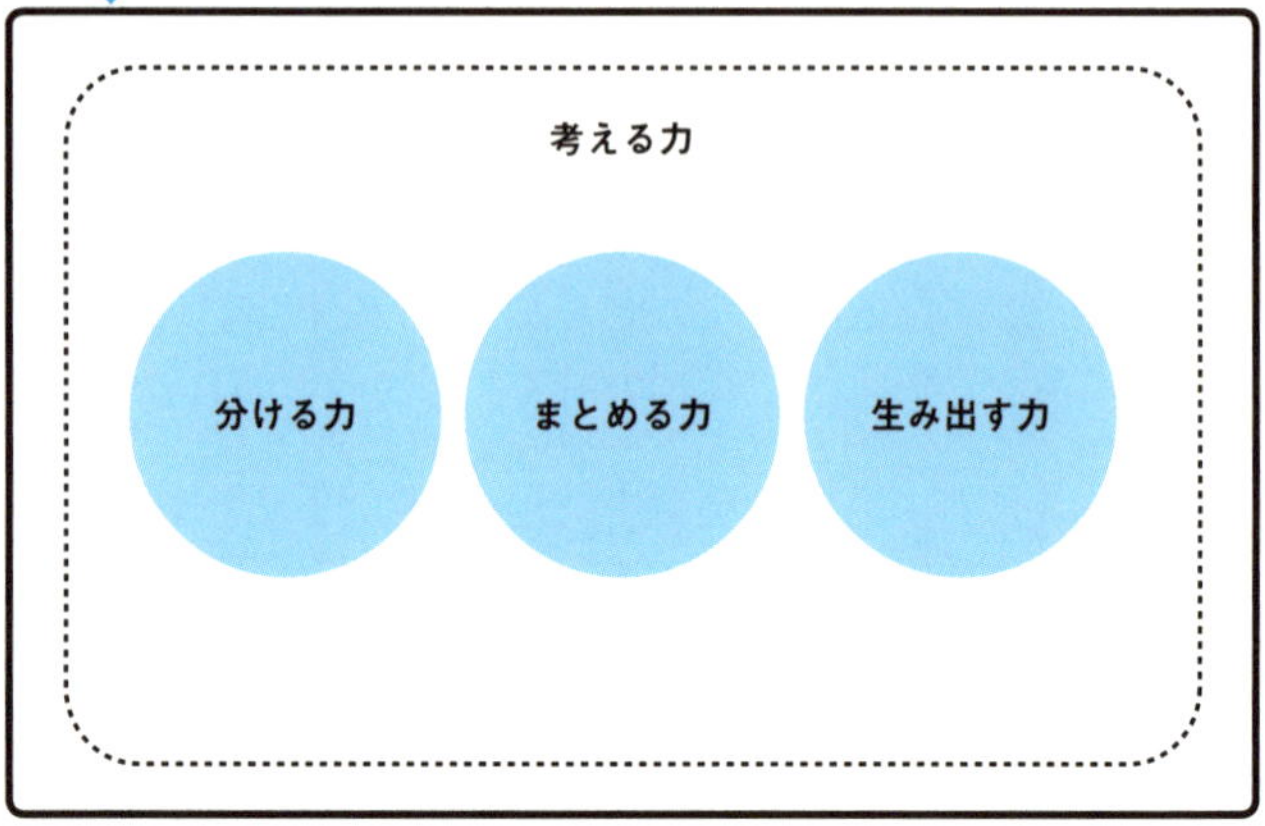


## 「考える」3つの力の伸ばし方

| 種類 | 伸ばし方 |
| --- | --- |
| 分ける力（分類力） | 日頃から、人、モノ、情報など、数多くあるものについて、10個の分け方を考える |
| まとめる力（要約力） | 雑談の際も含め、日頃から「一言で言うと」「ざっくり言うと」「早い話が」を口ぐせにする |
| 生み出す力（発想力） | 何かを決める際、アイデアを10個出して、その中から選ぶ習慣にする |

類する方法を、すぐに10とおりは言えます。「生年別」「出身地別」「部活歴の有無」などの切り口で、モレやダブリのないきれいな分類ができます。これは、顧客を分類して、最適なマーケティングの方法を考える力につながります。

**「まとめる力」**のある人は、たとえば自分の職場でやっているさまざまな仕事を一言で表すことができます。これは、多くの顧客の声を集約してサービスの向上につなげるといった場面で役立ちます。

**「生み出す力」**のある人は、「同期社員が集まったときに何をするか」、アイデアをポンポン出せる人です。これは業務改善のアイデアを出す場面で役立ちます。

この3つの力を高め、つなげて活用するのがコンセプチュアルスキルです。

頭の使い方のポイント

## 分ける、まとめる、生み出す！

CHAPTER 4

企画力・問題解決力の高め方

# 2

# アイデア出し

GOAL!

たくさんアイデアを出して
評価できる

NG

アイデアを
求められても、
何も出てこない

OK

アイデアを
1つは
出せる

新入社員にも、アイデアを出さなくてはならない場面は必ずあります。たとえば、チームのコストダウン策をミーティングで話し合っているとき、上司から「何かアイデアない？」と聞かれるなどです。

「生み出す力」は個人差が大きいものです。ある程度は性格も関係しているため、苦手な人は「自分はもともと発想力がない」とあきらめがちです。

でも、それではこの先、ずっと困ることになります。リーダー、管理職になれば、アイデアを出す機会はますます増えていきます。

**アイデア出しが苦手な人は、スキルで補いましょう。**アイデア出しの一番重要な点は、**とにかくたくさん出す**ということです。

アイデアは「量が質を生む」といわれています。たくさん出せば、中にはいいものが出てくるということです。苦手な人は、いきなりすぐれたアイデアを出そうとして、せっかく何かひらめいても「これはだめ」とボツにしてしまいがちなのです。

**ポイントは、この「評価」を先送りすること**です。

## アイデア出しの手順

紙に①から⑩まで番号を振る

⇩

とにかく10個挙げる

⇩

評価基準を決める

⇩

評価してアイデアを選ぶ

## アイデアの評価例

※ 評価マークの左は効果の大きさ、右は実行のしやすさ

| 評価 | 来期のコストダウン策 |
|---|---|
| △○ | ① 備品購入を1社に絞り、ボリュームディスカウント |
| ◎△ | ② 出張をまとめて交通費を浮かす |
| ◎○ | ③ 郵送していた印刷DMをメールDMに替える |
| ◎△ | ④ 外注していた入力作業を社内作業にする |
| ○○ | ⑤ 会社支給の携帯電話の料金プランを見直す |
| ○○ | ⑥ 交際費を削減する |
| △○ | ⑦ タクシーを使った移動を減らす |
| ◎○ | ⑧ 外注の際に、必ず相見積もりをとる |
| △◎ | ⑨ 低価格の小型宅急便を活用する |
| ◎○ | ⑩ ノー残業デーをつくる |

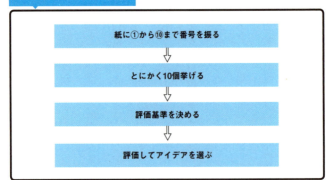

数を生むためには、リストアップするのが効果的です。その作業は、パソコンでやるより手書きのほうが向いています。パソコンだと簡単に訂正したり消したりできるため、評価的に見てしまうからです。ミスコピーの裏紙などを使い、手書きでやりましょう。

その際の**コツは、どんなテーマでも、先に①〜⑩まで連番を振ってしまうこと**です。そうすると不思議なもので、10まで書かないと気がすまなくなるのです。とりあえずの思いつきでも、似たようなものがあっても気にせず書きましょう。

**10個挙げたら、そこで初めて評価に入ります。**コストダウン策なら、「効果の大きさ」「実行のしやすさ」などの基準で評価します。その記号を見て評価すれば、自分のアイデアが形になっていきます。

アイデア出しのポイント

## アイデアをまず10個出してから評価する

CHAPTER 4
企画力・問題解決力の高め方

# 3
# 企画書

GOAL!

説得力のある
企画書がつくれる

NG
企画書を
つくったことが
ない

OK
基本的な構成の
企画書を
つくれる

企画書や提案書をつくるのは、多くの若手ビジネスパーソンが憧れる仕事です。ハードルは高そうですが、企画をつくっている先輩も、社内にある企画書をまねてつくっていることが多いもの。同じようにすれば、あなたにもつくることができます。

社内にある企画書は、見た目はきれいで、資料やデータも豊富に盛り込まれています。でも、それが効果的とは限りません。サンプルをまねるよりも、企画書作成のセオリーに従うほうが良いものができます。

企画書の項目に何が必要かを考える前に、**企画書を手に取った人が、どのような疑問を持つか考えてみましょう。**

まず、「何をしたい企画なのか」という疑問が頭に浮かびます。次に、「これをやると、どういう効果があるのか」が知りたくなります。それがわかると、「どのようにしてやるのか」「いくらかかるのか」「本当に効果が生まれるのか」「どのくらいの期間が必要か」「どんな手順で進めるのか」などが知りたくなってきます。

## 企画書・提案書に必要な項目

1. 何をしようとしているのか
2. どのような効果をねらうのか
3. どうやってやるのか
4. どの程度のコストがかかるのか
5. どういう手順・期日で進めるのか

## 企画書・提案書の構成例

1. 表紙
2. 要約
3. 期待成果
4. 方法
5. コスト試算
6. スケジュール

**これらの疑問に答えていくように項目を並べれば企画書になります。**

必要な項目を満たしていれば、Ａ４用紙一枚に文章が並んでいるだけのものでも立派な企画書です。

そして、ねらえる効果が大きく、方法が適切で実現可能性があり、コストパフォーマンスが良ければ説得力が増し、ゴーサインが出る可能性が高くなります。

このことは、社内に向けた企画書、お客さまに向けた提案書のどちらにも言えます。社外向けについては、ロゴマーク入りの決まったフォーマットを使うなどのルールがあることが多いですが、それさえ守れば構成は自由です。基本の構成を覚えれば、社外に向けた提案書もつくれるようになります。

まずは、社内向けの業務改善提案を、Ａ４一枚の企画書にしてみましょう。

企画書のポイント

**企画書を読む相手の疑問を想像し、それに答えよう**

CHAPTER 4

企画力・問題解決力の高め方

# 4

# 問題の設定

GOAL!

問題を的確に
伝えられる

NG

問題の
意味が
わかっていない

OK

問題を
把握することが
できる

ビジネスの場は「問題解決の場」と言ってもいいぐらいで、そのスキルはすべてのビジネスパーソンに求められるものです。

問題解決の基本手順は、**「問題の設定→原因の究明→解決策の立案→解決策の実行」**です。この項では、最初のステップを取り上げます。

**問題の設定は、会社視点で行う必要があります。**たとえば、「自分がお客さまとメーカーの板ばさみになってつらい」というのは、個人的には大変ですが、会社視点では問題ではありません。

しかし、そのことがお客さまとの今後の取引に悪い影響を及ぼしそうであれば、それは問題です。その問題の大きさは、業績への影響度で測ります（→29ページ）。

会社の業績にどのような影響が出るかという観点で問題を把握することが、問題解決のスタートラインなのです。

こうして問題を把握できることがOKレベルです。そして、それをより的確に伝えることができると、上司や先輩から高く評価されます。

## 問題とは

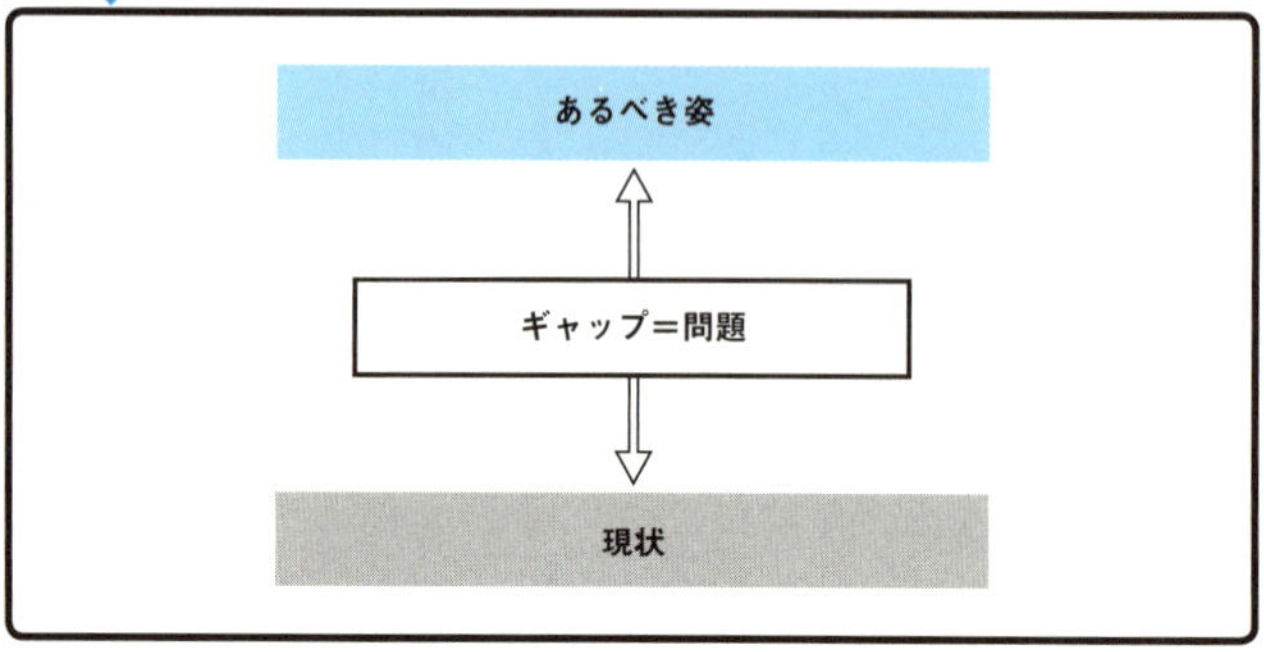


## 問題を的確に伝える３つの要素

| | |
|---|---|
| ❶ 対象 | → 返品率が |
| ❷ あるべき姿 | → 本来、3%以内であるべきなのに |
| ❸ 現状 | → 平均8%を超えている |

問題の設定のポイント

# 問題は会社視点で。あるべき姿と現状のギャップを数字で示す

問題とは、**あるべき姿と現状とのギャップ**です。その両方を示すことが、問題を的確に伝える際のポイントになります。

たとえば、「本来、返品はゼロが望ましいが、今年に入って返品が多くなっている」でも、問題表現としては悪くありません。ただ、もう少し客観的にしたいところです。

そこで、**数字を使います**。たとえば、「本来、返品率は3％以内であるべきなのに、この3か月間の平均は8％だった」と表現すれば問題が明確になります。そして、やるべきことは「返品率の5％削減」であることが見えてきます。

このように、問題を伝える場合は、あるべき姿と現状のギャップを、できる限り数字で表します。

# 5
# 原因の特定

GOAL!

**データを分析して
原因を特定する**

NG

原因を
明らかにせずに
解決しようとする

OK

原因を
追求できる

前項の問題設定が終わったら、原因を明らかにします。これをやらないと、すぐに行き詰まってしまいます。たとえば、「返品が多い」という問題に対し、いきなり「返品を減らすにはどうすればいいか」を考えても先に進めません。

まずは、返品が増えた原因を明らかにしていきます。そのためにしなくてはならないのが**情報収集**です。

真っ先に欲しい情報は返品理由です。返品したお客さまが理由として挙げたものを集計すれば、原因がわかります。私が研修の講師をした通販会社では、実際にこのようなアプローチをしていました。これが原因究明の基本的な手順です。

しかし、返品数が多かったり、返品理由を書いてくれないお客さまが多いと、この方法は難しくなります。その場合、**データ分析**を次に行います。

「どんな商品の返品が多いのか」「どんなお客さまからの返品が多いのか」「どのタイミングでの返品が多いのか」といったことをデータから読み取ります。

それぞれについて、過去データからの増加率を見ていけば、さらに原因が推定しやすく

原因究明の5つのステップ

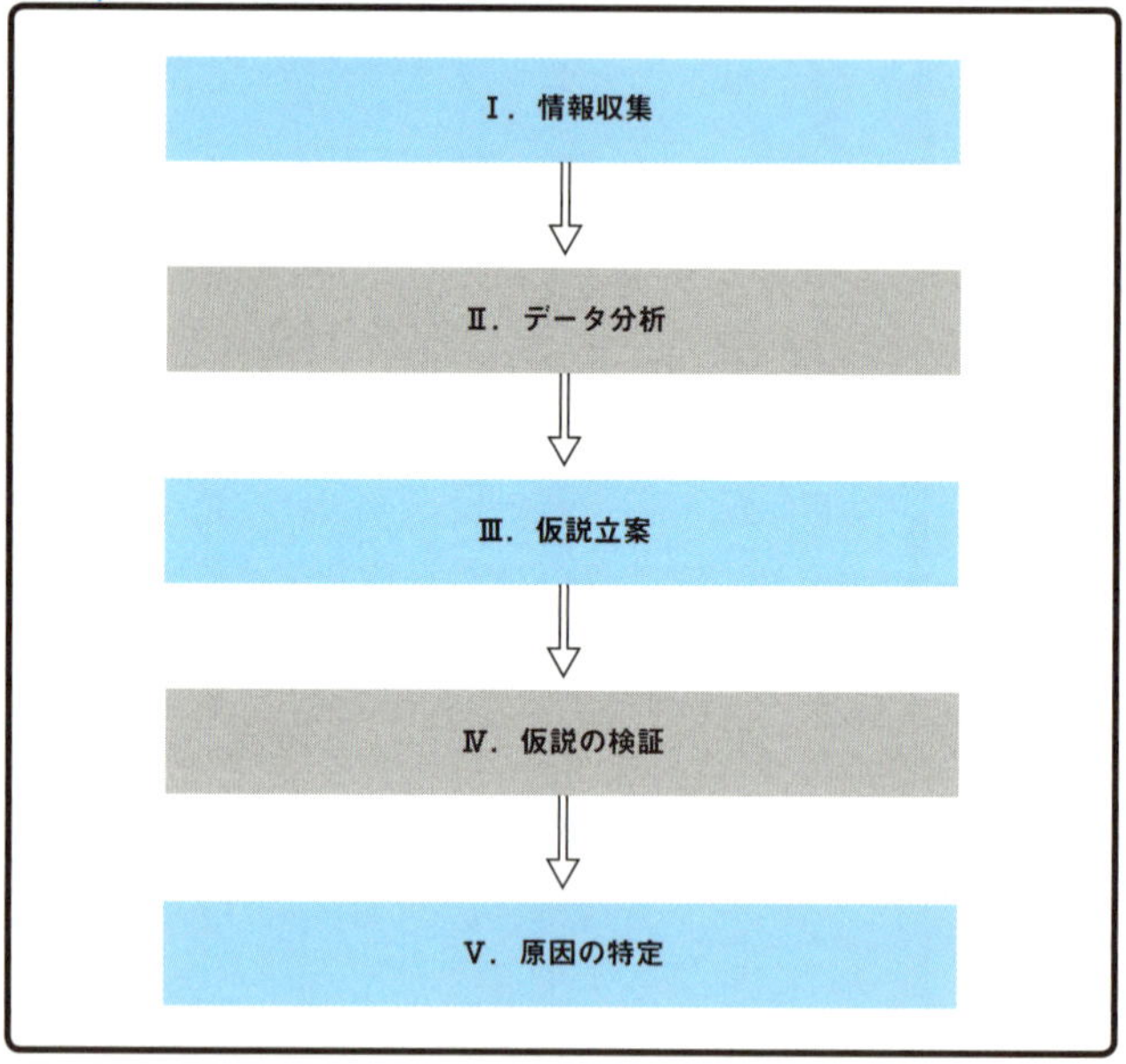

なります。

　これが通販会社で起こった問題だったとしましょう。返品率を押し上げている商品は家具で、女性のお客さまからの返品が多かったとします。そうすると、原因の姿が徐々に見えてきます。「家具を購入した女性のお客さまが、何らかの理由で返品してくる」ということです。

　さらに、組み立て前の返品が多かったとすると、梱包を開けたときに、返品理由が生まれたことがわかります。「思っていたのと色が違う」「形が違う」「大きさが違う」といったことが返品の理由として推定できるでしょう。

　こうして仮説を立てたあとで、あらためて返品カードを見る、聞き取りをするといった作業を通じ、**仮説を検証することで原因を特定することができます。**

原因の特定のポイント

## 解決策を考える前に、原因を明確に。必要に応じて仮説検証する

CHAPTER 4

企画力・問題解決力の高め方

# 6

# 解決策

GOAL!

複数の解決策を
立案できる

NG

解決策が
的外れ

OK

原因から解決策を
考えることができる

原因を特定できれば、解決策を立案するのはさほど難しくありません。前項の通販会社の例で、返品率が上がった主な原因は、「木製家具について、カタログの写真と実際に見たときの感じが異なっていること」だとわかったとします。

あなたが担当者だったら、どんな解決策を考えますか？　この場合、原因はカタログの写真と現物の見た感じが一致していないことです。だから、解決策は写真と現物を一致させることになります。

このように、**多くの場合、解決策は原因を裏返すことで立案できます。**原因を特定することが大切な理由はここにあります。

今回のケースで考えられる単純な解決策は、カタログの写真を差し替えることでしょう。原因から、このような解決策を立案できることが基礎です。

ここで、もう一歩進んだやり方があります。それは、**複数の解決策をセットで提示する方法**です。

## 解決策のつくり方

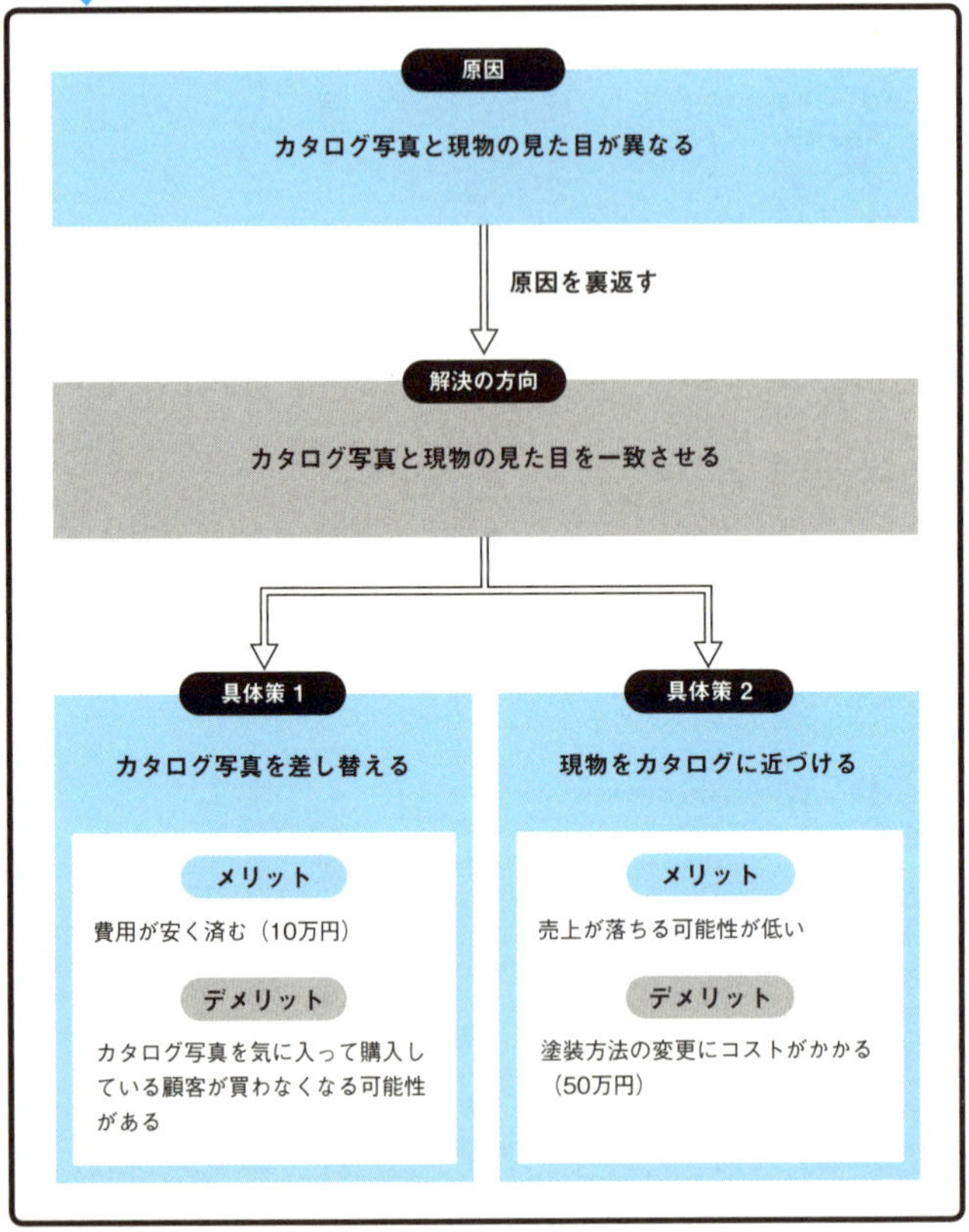
原因
カタログ写真と現物の見た目が異なる
原因を裏返す
解決の方向
カタログ写真と現物の見た目を一致させる
具体策 1
カタログ写真を差し替える
メリット
費用が安く済む（10万円）
デメリット
カタログ写真を気に入って購入している顧客が買わなくなる可能性がある
具体策 2
現物をカタログに近づける
メリット
売上が落ちる可能性が低い
デメリット
塗装方法の変更にコストがかかる（50万円）

今回の場合は、カタログの写真と現物の見た感じを一致させればいいわけです。

となると、カタログの写真を差し替えるのではなく、木製家具自体をカタログ写真に近づけるという手もあります。

たとえば、家具をつくっているメーカーに、写真の見た感じに現物の木製家具を近づける方法を聞いてみます。おそらく、材質を変える、塗装の仕方を変えるといった方法が提示されるでしょう。ただ、コストがかかる可能性もありますので、それも合わせて確認しておきます。

こうしてつくった2つの案について、それぞれのメリット・デメリットを付記して上司に提出すれば、上司も判断しやすくなります。

**上司が意思決定しやすいように案を持っていけるのがすぐれた部下です。**

解決策のポイント

## 解決策は原因の裏返し。できれば複数の案を持っていく ——

# 7
# 要約力

GOAL!

「三角ロジック」を活用した
要約ができる

NG

うまく要約
できない

OK

簡潔な要約が
できる

「コンセプチュアルスキル」を高める最も良い方法は**「要約」**です。要約力（まとめる力）をアップすれば、それにつれてコンセプチュアルスキルが上がります。

日常的な仕事を通じて要約力を上げるには、**報告書に要約（サマリー）をつけるのが有効**です。たとえば、報告書の冒頭に、その報告書を通じて伝えたいことを100文字程度で要約します。これは、忙しい上司やお客さまなど報告書の読み手に対するサービスにもなって一石二鳥です。

要約のコツは、**「結論→理由→裏づけデータ」の3点セットで書く**ことです。

たとえば、顧客サポートのコールセンターに対するクレームが増え、上司からその原因を調べて報告書にせよと指示されたとします。

原因を調査したところ、「クレームの内容で、最も多かったのは『回答までの時間がかかる』ことで、全体の8割を占めていた。そして、時間がかかったケースの9割は、技術的な質問への対処だった。よって、クレームの原因は、コールセンターの技術面での対応力不足と考えられる」ということがわかりました。

## 三角ロジック

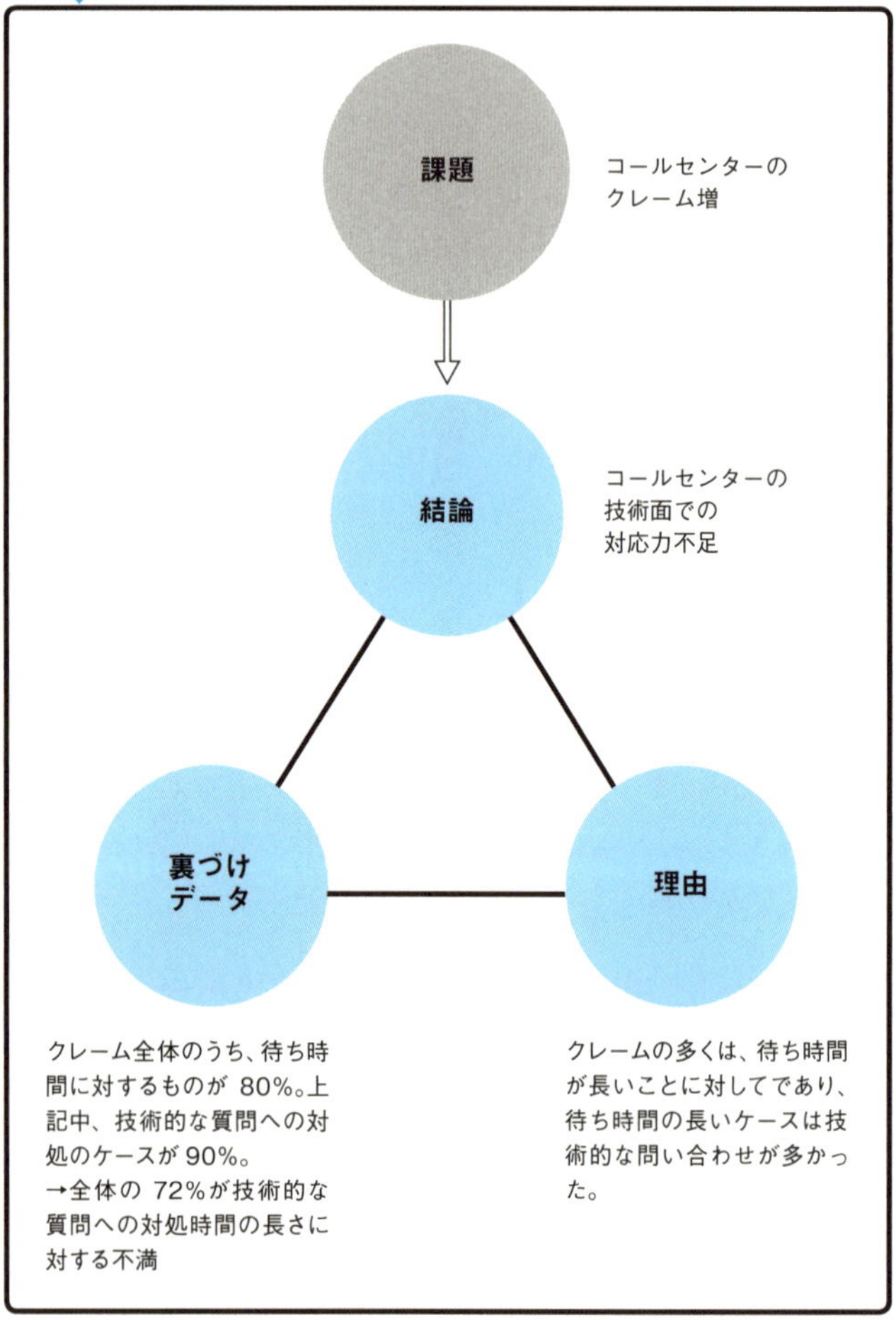
課題
コールセンターのクレーム増
結論
コールセンターの技術面での対応力不足
裏づけデータ
理由
クレーム全体のうち、待ち時間に対するものが 80%。上記中、技術的な質問への対処のケースが 90%。
→全体の 72%が技術的な質問への対処時間の長さに対する不満
クレームの多くは、待ち時間が長いことに対してであり、待ち時間の長いケースは技術的な問い合わせが多かった。

これをそのまま要約としても、悪くはありませんが、より効果的に話す方法があります。先ほどの3点セットを使うと、次のようにわかりやすくできるのです。

「コールセンターのクレーム増の原因は、技術面での対応力の弱さである**（結論）**。なぜなら、クレームの内容で最も多いものは、技術的な質問に対する回答時間が長いというものだったからだ**（理由）**。実際に、約7割のクレームがそれに該当している**（裏づけデータ）**」。

このように、「結論→理由→裏づけデータ」の順で話す方法を**「三角ロジック」**といいます。この三角ロジックが使えるようになると、要約力が上がるだけでなく、簡潔に話せるようになり説得力も増します。説明、報告、プレゼンテーションなどの場面でも活用できますので、ぜひ日頃から意識して使いましょう。

要約力のポイント

**要約する際は、「結論→理由→裏づけデータ」の順で**

# CHAPTER 5

# ビジネスマナーの新基準

INDEX

CHAPTER 5
ビジネスマナーの新基準

# 1
# ビジネスマナーの全体像

GOAL!

相手を意識したビジネスマナーが実践できる

NG
ビジネスマナーなんて
どうでもいいと
思っている

OK
マナーを
身につけ、
実践している

私はこれまで20年間にわたり、新入社員研修の講師をしてきました。企業の人事担当のみなさまから、「こういうところを教えてほしい」というリクエストをいただき続けてきたわけですが、実はその内容は時代とともにかなり変わってきています。

たとえば、身だしなみについては、かつて相当厳しくするようにリクエストがありました。男性の髪型は七三分けでなくてはならず、眉剃りなど論外。女性も髪を染めるのは禁止、ピアスなどありえないということでした。しかし、今は服装の基準はずいぶんと緩やかになっています。

その一方で、リクエストが多くなったこともあります。それは、**コンプライアンス（法令遵守）、機密情報の取り扱い**などです。また、**スマホのマナー**といったことも要望されるようになりました。

このように、時代とともに基準は変わってきていますが、マナーが大切であることは変わりません。**マナーは「相手に対する敬意を表す言動」だからです。**

ビジネスマナーが良ければ、相手に尊敬の念が伝わります。そして、その結果として好

## ビジネスマナーの全体像

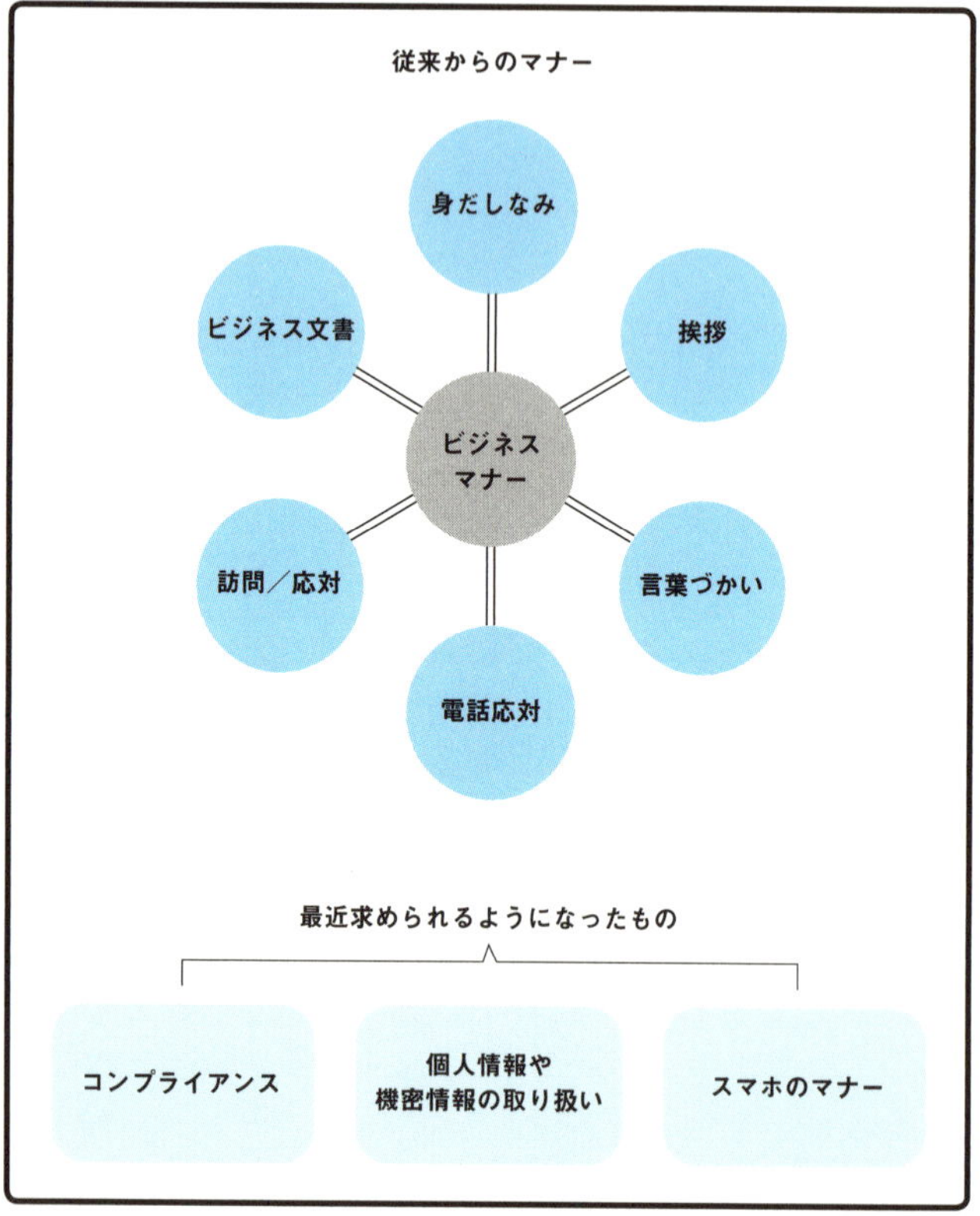

印象を持たれ、ビジネスが進めやすくなるわけです。そういう意味からすると、**マナーは立派なビジネスツール**です。

このマナーに関してみなさんを悩ませるのは、「人によって言うことが違う」という点でしょう。たとえば、お客さまを訪問する際、「茶色の革靴でもOK」と言う上司・先輩もいれば、「避けたほうがいい」と言う人もいます。

ここで気をつけたいのが、甘めの意見を主流と見たくなる心理です。10人のうち9人がOKでも、残りの1人にマイナスの印象を与えるならば、それは自分にとってよくないことと考えましょう。特に、決裁権を持っている50、60代の管理職はマナーに厳しい人が多いもの。**迷ったら、厳しいほうに合わせましょう。**

ビジネスマナーの全体像のポイント

## マナーはビジネスツール。迷ったら厳しい意見に合わせる

CHAPTER 5
ビジネスマナーの新基準

# 2
# 敬語

GOAL!

尊敬語、謙譲語が
使い分けられる

NG

学生言葉が
抜けていない

OK

丁寧語で
話せる

言葉づかいに関するコンプレックスは、早く解消したいもの。自分の言葉づかいに自信がないと、経営者など高い立場にいる人と積極的に話すことができません。この問題は、敬語が上手に使えるようになれば解決できます。

敬語については、以前よりもずいぶんハードルが下がりました。先輩もきちんとした敬語を身につけていない人が多く、「です・ます」をつけて話す丁寧語を話していれば、特に問題ないとされています。

そのような現状だからこそ、**尊敬語、謙譲語をきれいに使い分けられる若手社員は価値が高い**のです。

たとえば、電話応対の際、相手の名前を確認するには、「〇〇社の××さまですね」と言うのが丁寧語での基本的な対応です。ここで、尊敬語を使って「××さまでいらっしゃいますね」と言われると、「できるな」という感じを受けます。

敬語については、個々の言い方を覚える前に、知っておいたほうがよいことがあります。それは、**尊敬語と謙譲語の目的**です。

1 仕事の進め方
2 コミュニケーション
3 つき合い方
4 企画・問題解決力
5 ビジネスマナー
6 スキルアップ

## よく使う敬語

| 動詞 | 尊敬語(相手が主語) | 謙譲語(自分が主語) |
| --- | --- | --- |
| 言う | おっしゃる | 申し上げる |
| 見る | ご覧になる | 拝見する |
| いる | いらっしゃる | おる |
| する | なさる | いたす |
| 知っている | ご存じ | 存じ上げる |
| 行く | いらっしゃる | うかがう |
| 来る | いらっしゃる | まいる |

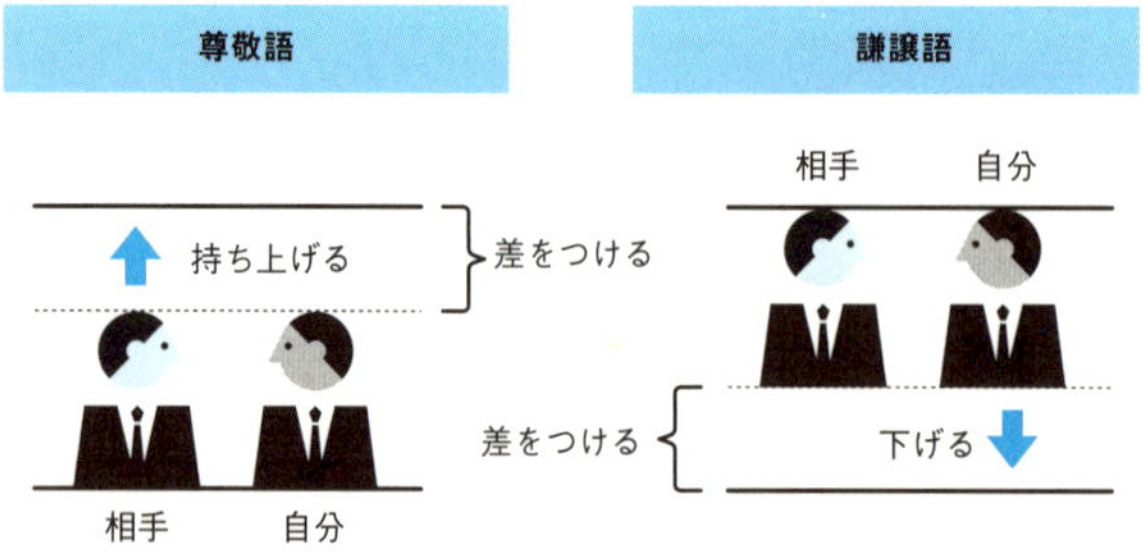

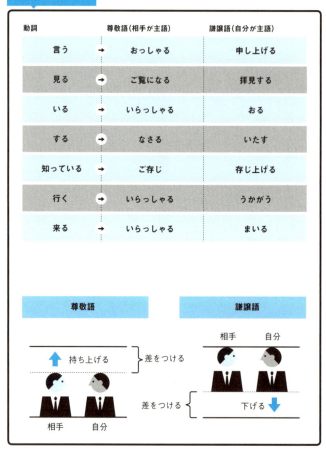

どちらも、相手と自分の差をつけることで、**「あなたを上に見ていますよ」**という気持ちを伝えるねらいがあります。

相手を上にするには、①相手を持ち上げる、②自分を下げる、という2つの方法があり、①が尊敬語、②が謙譲語になります。そのため、尊敬語は「お客さまがおっしゃいました」というように、主語が相手（あるいは、相手以外の目上の他者）になります。また、謙譲語は「私が申し上げます」、あるいは「私が申します」というように主語が自分になります。

敬語は難しいから時間をかけて覚えればいい、と言いたいところですが、そうはいきません。フレッシュなみなさんにとって、周囲は目上だらけ。一刻も早く敬語を使えるようにしたほうがよいのです。

敬語のポイント

## 主語が相手だったら尊敬語、主語が自分だったら謙譲語 ―― ☑

CHAPTER 5
ビジネスマナーの新基準

# 3

# 名刺交換

GOAL!

名刺をしまうとき、
相手の名刺に軽く一礼する

NG

名刺交換の際に
モタモタする

OK

自分から名乗って
名刺を差し出す

**名刺交換は、意外に重要なビジネススキルです。**名刺交換をすると、およそ相手のビジネススキルがわかってしまいます。

初対面の相手は、あなたのことを「つき合うに値する相手なのか」という観点で評価します。名刺交換にもたついているようでは、仕事もスムーズに進められないのではないかと疑問を持たれます。

逆に、スマートに名刺交換ができると、「仕事もスマートに進めてくれるのではないか」と期待を持たれます。そのために最も大切なことは**準備**です。

おすすめは、**名刺入れのフタと本体の間に、名刺を相手に向けてはさんでおく**こと。こうすれば、胸ポケットから名刺入れを取り出した瞬間、相手に向けてスムーズに名刺を出すことができます。

実際、名刺交換の際に、名刺入れの奥のほうから名刺を取り出すのにもたついているビジネスパーソンは多いものです。なお、アルミ製の名刺入れは、この準備ができないのでもたつきやすくなります。

## 名刺の準備

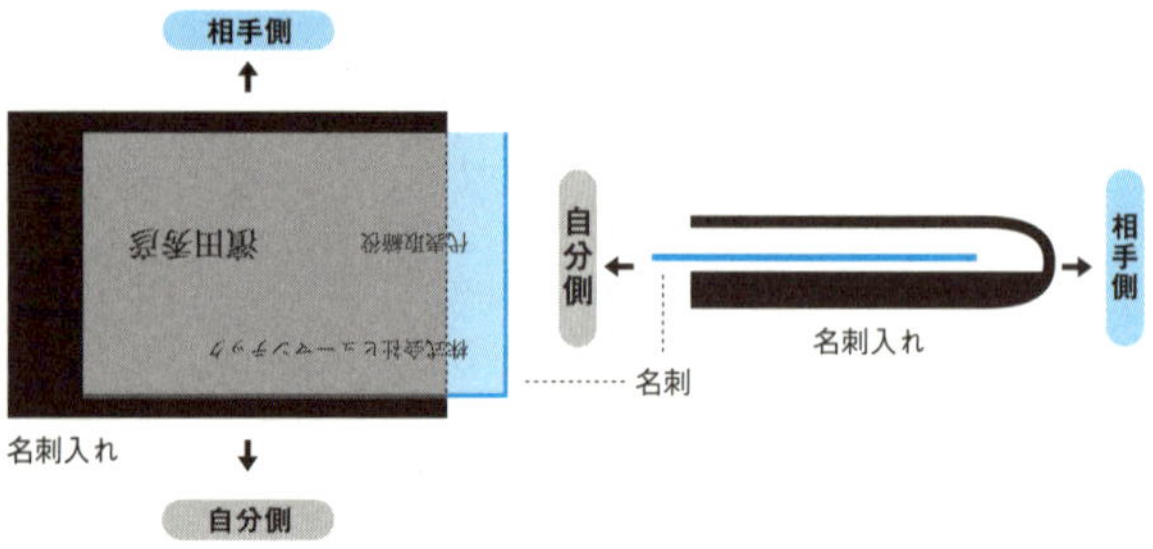


## 相手の名刺の扱い

名刺交換で頂く

↓

打ち合わせ中は机に置く

名刺入れに乗せておく

↓

席を立つ前に一礼してしまう

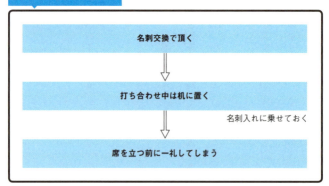

次に、名刺交換の際のポイントを挙げます。最近の名刺交換方法の主流は、**同時交換式**です。かつては、目下の側が先に渡し、続いて目上の側が渡す2アクションのスタイルが主流でしたが、今は一度に済ませることが多くなっています。

ただ、その場合でも、**先に名乗るのは目下の側**であることは変わりません。

その際、気をつけたいことは、**相手が取りやすいように渡す**ということです。相手が取りやすいような高さに出す、相手が取りやすいようなタイミングで渡すといったことができると、名刺交換がいっそうスマートになります。

頂いた名刺は打ち合わせの間、名刺入れに乗せ、机の上に置いておきます。最後に、**打ち合わせを終えてしまうとき、相手の名刺に軽く一礼すると、大切にしていることが伝わります**。ぜひ実践してみてください。

名刺交換のポイント

**相手に向けて名刺を準備。相手が取りやすいように渡す**

CHAPTER 5
ビジネスマナーの新基準

# 4
# スマホのマナー

GOAL!

相手に配慮しながら
スマホを使える

NG
周囲を気にせず
スマホを
操作する

OK
スマホの
マナーを
守っている

スマホやタブレットが仕事に使われるようになったのは、比較的最近のことなので、マナーはまだ確立されていません。LINEやSNSなども、徐々に仕事に使われるようになってきていますが、こちらもまだマナーが固まっていない状況です。

そのような状況でどうしたらよいか。ここでは、スマホを中心とした、比較的新しいデジタルツールのマナーについてお話ししていきます。

最も重要なことは、今のビジネスの世界では、携帯電話やスマホはプライベート色の強いもので、**公式なコミュニケーションツールとは認められていない**ということです。次ページのスマホ関連のマナーは、私がインタビューを受けた「週刊SPA!」の記事のアンケートから抜粋したものです。

まず、**打ち合わせや会議の間に、スマホを操作するのはマナー違反**ととられることに注意しましょう。会議内容をメモしていたとしても、私用のメールをしているのと見た目は変わらないので、人の話を集中して聞いていないととられます。

また、プライベートなものと見られるため、職場で私物のスマホやタブレットを充電し

## スマホのマナー

**危険度 大**

- 取引先との打ち合わせの最中に、机の上にスマホを出す
- 職場の人間の携帯番号を、本人の承諾なしに社外の人間に教える
- ビジネスメールの語尾に「！」を多用
- 社内外の人に対し、遅刻や欠席をLINEで知らせる
- 一回しか会っていない仕事相手に、SNSで友達申請

**危険度 中**

- 打ち合わせや会議の最中、スマホでメモを取る
- 議事録のノートを取らず、スマホでホワイトボードを撮影する
- 職場で私物のスマホやタブレットを充電する
- 年賀状代わりに、一斉メールで年始の挨拶

「週刊SPA!」アンケートより抜粋

ていると、「電気泥棒」と見られる可能性があります。

ＬＩＮＥなどのアプリを使った連絡も、非公式なものと考える人が多いので、**遅刻や欠席、欠勤の連絡にそれらのアプリを使うのはやめたほうがよいでしょう。**

また、同僚の携帯番号を、むやみに社外の人に教えるのは、同僚のプライベートな時間に仕事の連絡が入る可能性が増えるので控えたいものです。

ただ、これらのマナーは、ＩＴ系の企業や新興企業では許されることも多く、絶対と言えるものではありません。とはいえ、**ビジネス界全体では、まだＮＧ度が高い**ものです。ＩＴ系企業や新興企業に勤めている人は、自社ではＯＫだからといって、他社でも許されると考えると、知らないうちにマナー違反になる可能性があるということは気にかけておいてください。

スマホのマナーのポイント

**スマホはまだ非公式なツールと認識する**

CHAPTER 5
ビジネスマナーの新基準

# 5
# コンプライアンス

GOAL!

会社の機密情報は
持ち歩かない

NG

個人情報の
扱いが雑

OK

個人情報をきちんと
管理している

「コンプライアンス」という言葉を聞いたことはあるでしょう。直訳すると、**法令遵守、法律や社会のルールを守る**ということで、最近はとても重要視されています。

1990年以降、企業の存続にかかわるような不祥事が続き、企業経営におけるコンプライアンスの重要性が高まりました。

また、2003年には個人情報保護法が制定され、企業にとって、個人情報保護がコンプライアンスの重要事項になりました。さらに、2015年に**マイナンバー制度**が施行され、**個人情報をはじめとする機密保持（秘密保持）**の重要性はますます高まっています。

そして、これは身近なテーマでもあります。

悪意をもって機密情報を流出させるのは論外ですが、悪意がなくても、誤って機密情報を社外に流出させる可能性はあります。

たとえば、顧客情報が入ったスマホをどこかに忘れてきたとします。スマホにパスワードロックがかかっていなければ、スマホを拾った第三者は、それを見ることができますし、わずかな知識があればファイルを転送できてしまいます。

## 身近な機密情報流出のリスク

また、顧客リストの入ったＵＳＢメモリを紛失すれば、同様の事態が起こります。万一、そんなことが起こり、その情報が悪用されてしまったら、始末書ではすまなくなる可能性さえあるのです。

まずは、**顧客リストなど、会社の重要情報は持ち歩かない**のが大切です。それに加えて、スマホを仕事に使っている人は、必ずパスワードロックをかけておく必要があります。

そのほか、社内で顧客名簿などに触れる場合も細心の注意を払いましょう。パソコンの操作を誤って顧客リストを社外の人に転送してしまうと、信用が傷つくだけではなく、受け取った相手にも迷惑がかかります。

日頃から、個人情報をはじめとする機密保持の意識を高めておきましょう。

コンプライアンスのポイント

**会社の重要情報は持ち歩かない。顧客リストの扱いは要注意**

CHAPTER 5
ビジネスマナーの新基準

# 6
# SNS

GOAL!

SNSを適切に
ビジネスに活用する

NG
深く考えずに
仕事の情報を
SNSに投稿する

OK
SNSには
仕事がらみの記事を
許可なく投稿しない

以前に、こんなことがありました。私の知人が経営する中小企業の忘年会で、洒落たピアノバーに行ったそうです。そこに偶然お客さまがいて、しばらく一緒に飲むことになりました。

同席していた自社の若手社員は、店の雰囲気が良かったこともあり、記念にスマホで写真を撮って、それをフェイスブックに投稿しました。これが、後日問題になったのです。

たまたま、その写真に自社の社員と親しげに会話しているお客さまが写り込んでいて、それをその方の会社の役員がフェイスブックの記事で見つけてしまいました。そのお客さまは、社内で癒着を疑われ、「疑われるような行動は慎むように」と注意を受けてしまったのだそうです。その後、その方は、知人の会社に発注しにくくなり、会社の売上に影響が出てしまいました。

その若手社員に悪意はなかったでしょうが、**結果的に自社のビジネスに悪影響を及ぼしてしまった**のです。これは、決して他人事ではありません。

私の講師仲間にも、「今日は○○社で××研修をやりました」と実名でフェイスブック

1 仕事の進め方
2 コミュニケーション
3 つき合い方
4 企画・問題解決力
5 ビジネスマナー
6 スキルアップ

SNSのリスク

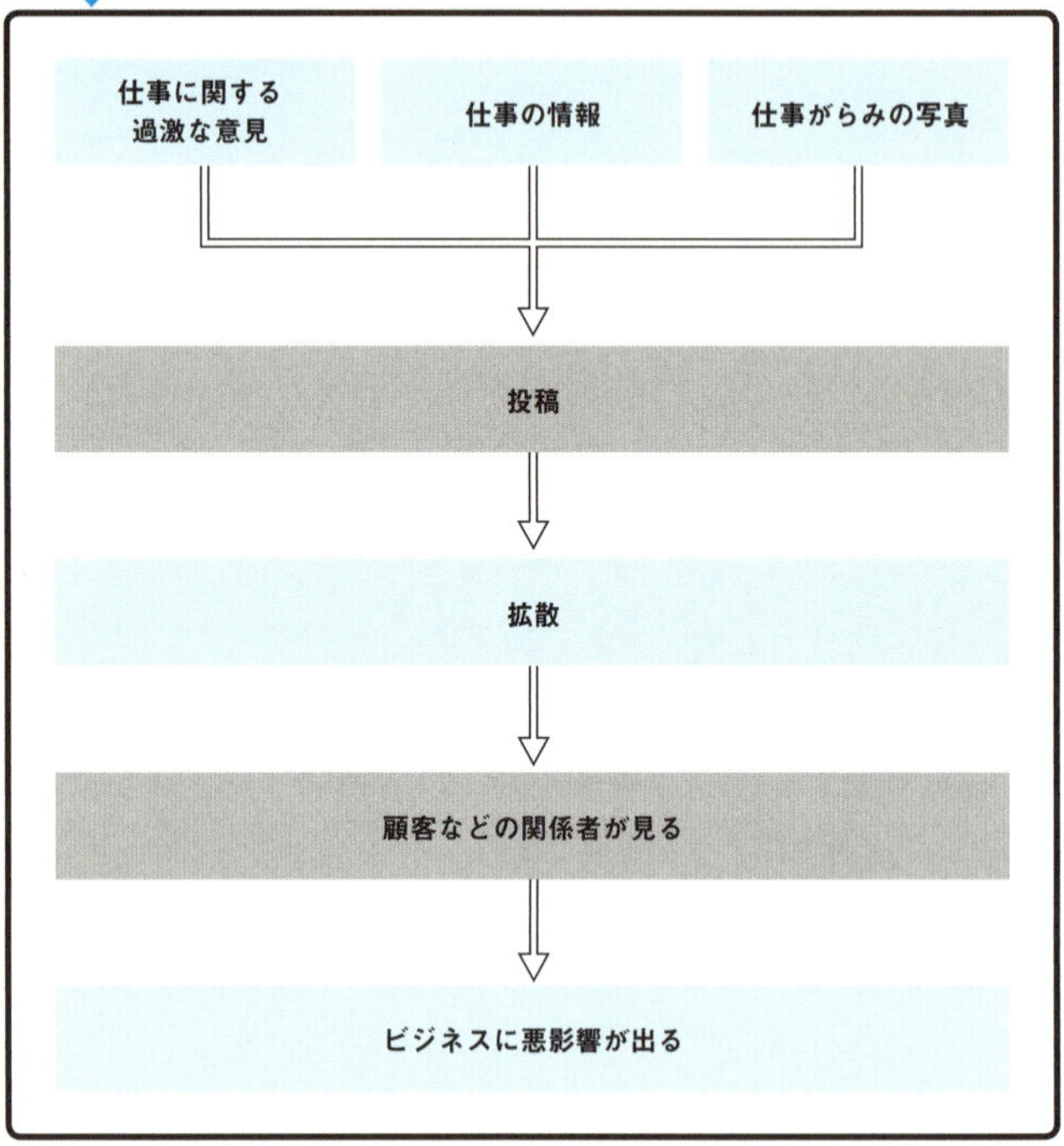
仕事に関する
過激な意見
仕事の情報
仕事がらみの写真
投稿
拡散
顧客などの関係者が見る
ビジネスに悪影響が出る

に投稿したところ、その会社の研修担当が見て不快感を持ち、その後のビジネスに悪影響が出たという人がいます。

**基本的に、仕事がらみの情報はフェイスブックなどのSNSに投稿しないほうがよい**ものです。どこからどう拡散するかわかりません。LINEやツイッターなどでも、「仲間内だけだから」と油断していると、同様のことが起こります。

出版、マスコミやベンチャー企業の中には、顧客との関係づくりにSNSをうまく活用しているところもあります。ただ、それは**公私のグレーゾーンをうまく使い分けることができるのが前提条件**で、かなり難度の高いことなのです。

慣れないうちは、SNSの利用はプライベートに限ったほうが安全でしょう。

SNSのポイント

## グレーゾーンだと思ったら、投稿は控えるのが基本

# CHAPTER 6

# スキルアップとキャリア開発

# INDEX

CHAPTER 6
スキルアップとキャリア開発

# 1

# 仕事のスキルアップ

GOAL!

学んだことを仕事に結びつけて成果を出す

NG

会社の人事担当が
自分を育ててくれる
と思っている

OK

自分の
強み、弱みを
把握している

多くの会社が、新入社員は3年目までに一通りの仕事を覚えさせ、一人前にしようという考えのもと、実務やコミュニケーションなどの研修を実施しています。

そして、その期間が終わると、研修の機会は減ってきます。そこからは、**人事の教育担当ではなく、自分自身が教育担当だと考えたほうがよい**でしょう。

教育担当者の仕事は、自社が業績を上げるために必要な能力を整理し、それを高めるための施策を実行することです。具体的には、社内外のセミナーに加え、eラーニング受講の機会をつくるというように展開します。

あなたも、あなた自身の教育担当として、同じように進めてみてはどうでしょうか。

まず、会社の手がけているビジネスで成果を上げるために必要な能力を整理します。これには、4ページで見た4つの能力領域が参考になります。それぞれについて、自己評価して強みを伸ばし、弱みを補強していきます。**社内外のセミナーに参加する、eラーニングを受講するほか、本を読む**のも良い方法です。

しかし、数多くのセミナーを受講したり、たくさんの本を読んでいるわりにはビジネス

## ビジネススキルの上げ方

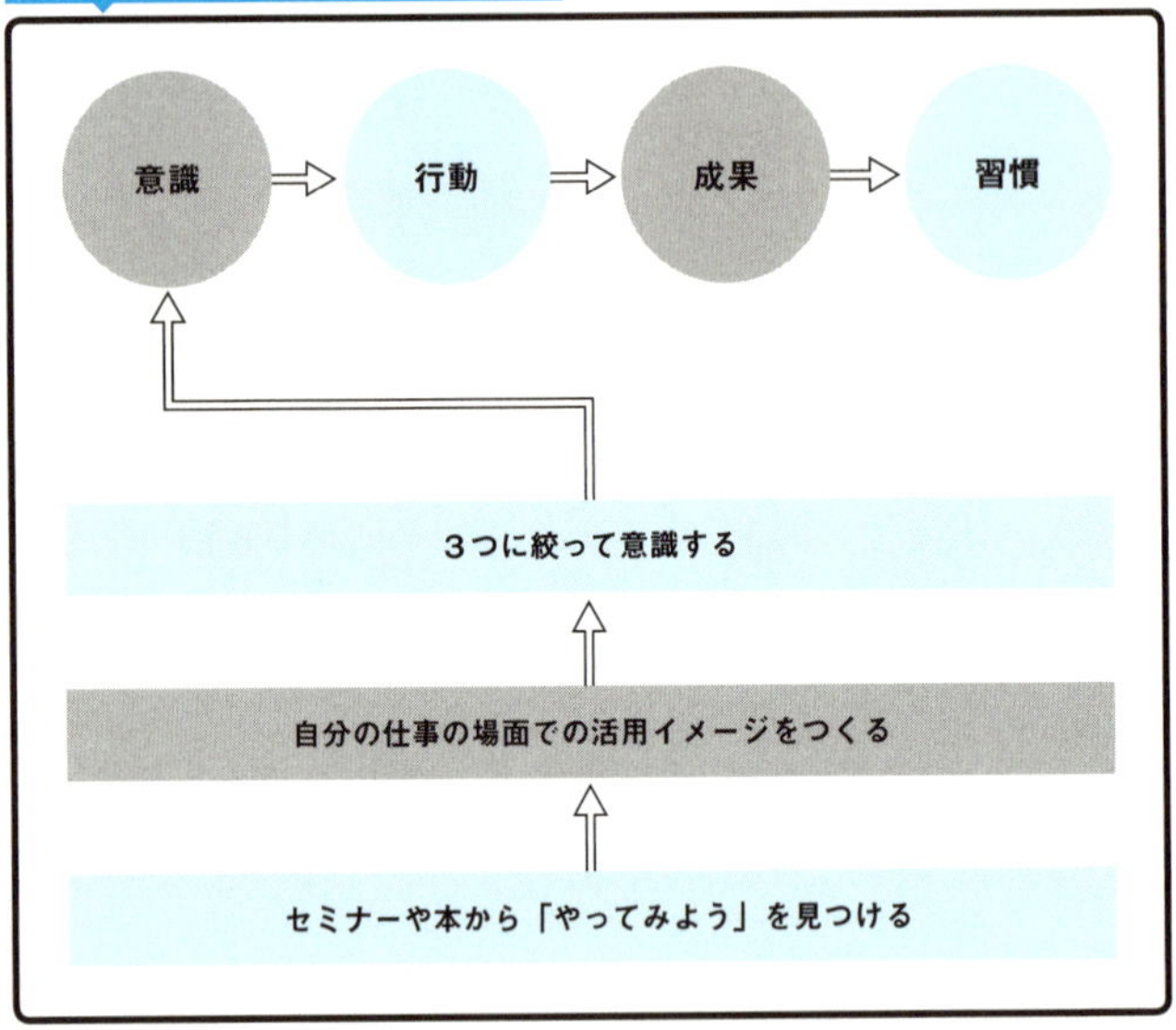

スキルが上がらない人もいます。なぜそうなってしまうかというと、インプットしたものをアウトプットしていないからです。

新しい行動は、意識したことのなかから生まれます。行動すれば成果が生まれます。そして、成果が出れば習慣になります。こうして新しい良い習慣を増やしていくことが、ビジネススキルを上げることにつながるのです。

まずは、**セミナーや本のなかから「やってみよう」と思えるネタを見つけましょう**。そして、「仕事の場面で、この方法をこう使ってみよう」とイメージするのです。1回のセミナー、1冊の本からやることを3つ決めれば十分です。意識ができたら行動してみて、成果が感じられれば自然に習慣になっていきます。

仕事のスキルアップのポイント

## 意識したことを実践し、成果を感じられれば習慣になる

CHAPTER 6

スキルアップとキャリア開発

# 2

# さばく仕事術

GOAL!

自分から仕掛ける
仕事ができる

NG

仕事をこなしきれず、
ためてしまう

OK

うまくさばいて
仕事を進める

仕事はどんどん増えていきます。しかし、その分残業を増やすわけにもいきません。いま、世の中はワークライフバランスを重視するようになっており、長時間の残業や休日出勤には否定的になってきています。

増える仕事に対し、最初はがんばること、集中することで「こなす」ことができます。しかし、それだけでは遅かれ早かれ、限界がきます。

次の段階は、**「さばく」仕事術を取り入れる**ことです。仕事に優先順位をつけ、フロントローディング（↓24ページ）を活用します。また、上司、他部署、後輩、外注業者などの社内外のリソースをうまく使っていきます。

「さばく」ために重要になるのが、**仕事の依頼方法**です。人に仕事を頼む場合は、上手にやらないと結果がうまく出ず、「やっぱり自分がやったほうが早い」と考えて人を使えなくなってしまいます。ここは、大きな分かれ目です。

仕事を依頼する際には、**「何を、なぜ（目的）、いつまでに、どのように仕上げてほしいか」**を伝えます。

## 仕事のレベルアップ

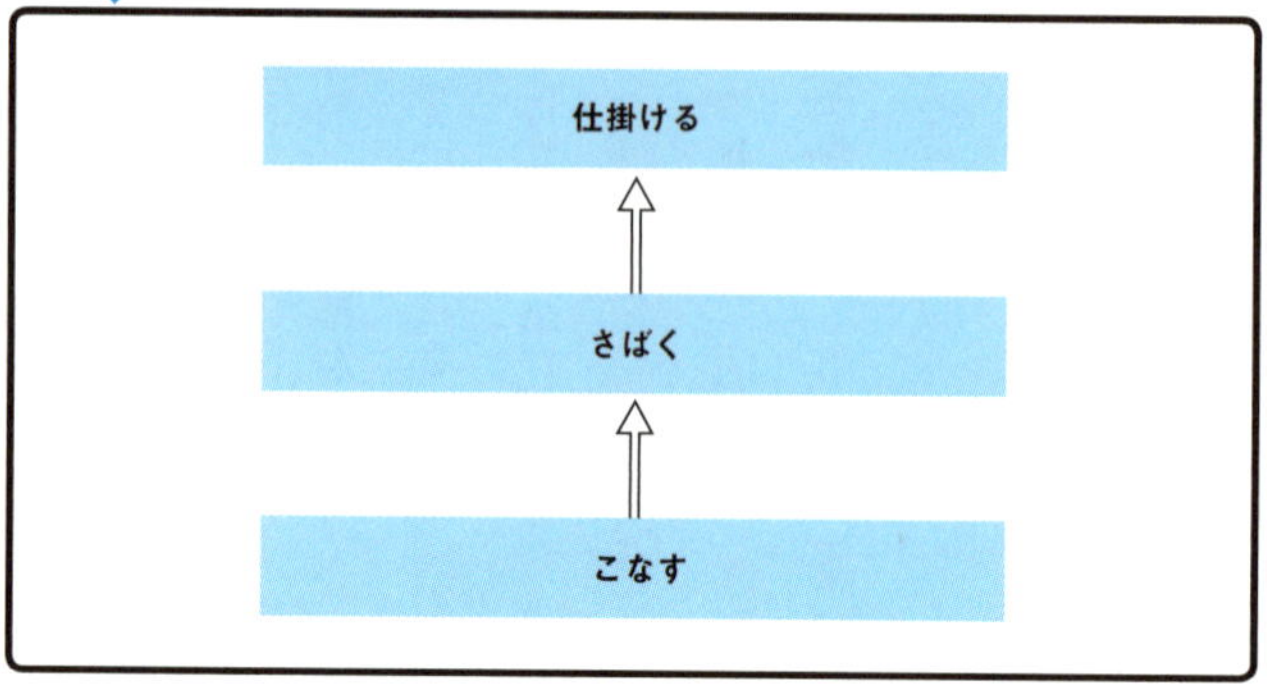


## さばくための依頼の仕方

| 項目 | 例 |
|---|---|
| 何を | X商品とY商品の商品スペック表を |
| なぜ（目的） | 200万円の商談をまとめるために |
| いつまでに | 今週中に |
| どのように | 2つの商品の費用対効果がわかるように |
| フォーマット | パワーポイントA4横（フォーム送信） |

たとえば、お客さまに商品の仕様書を提出するとします。商品企画の部署に依頼できるならば、「商品Xと商品Yの仕様書を（何を）、200万円規模の商談をまとめるために（目的）、今週中に（いつまでに）、2つの商品の費用対効果がわかるように（どのように）つくってほしい」と依頼します。

仕様書のフォーマットが決まっているならば、先に渡したほうがよいでしょう。このようにして依頼すると、期待できるアウトプットが出てきます。これが「さばく」ということです。

そして、**さばく仕事術ができると、時間に余裕が生まれます**。その時間をうまく使って改善提案をするなど、「**仕掛ける**」仕事をしていきましょう。それが、今後の自分の成長のために重要なカギになるのです。

さばく仕事術のポイント

**さばいて時間をつくり、仕掛ける仕事を身につける**

CHAPTER 6
スキルアップとキャリア開発

# 3

# セルフ モチベーション

GOAL!

自分で自分のモチベーションを上げられる

NG
モチベーションが下がったまま上がらない……

OK
上司や先輩、仕事からモチベーションのタネをもらっている

モチベーションが高いときは、仕事も楽しいものです。そのモチベーションの源泉は、「身近に自分を励ましてくれる上司や先輩がいる」「仕事が面白い」「成果が報酬につながる」といった場合が多いようです。

このように、上司や先輩、与えられた仕事からタネをもらってモチベーションを上げるのは、それはそれで良いことです。

**もっと良いのは、自分で自分のモチベーションを上げることです。**それができれば、上司や先輩、仕事などの環境に左右されず、いつも前向きに仕事に取り組めるようになるからです。

自分で自分のモチベーションを上げることを**「セルフモチベーション」**といいます。あなたも、その方法をぜひ身につけてください。

セルフモチベーションの一歩目は、**自分の好調、不調の傾向を知る**ことです。まず、A4のコピー用紙を用意してください。入社時から今までについて、仕事上の自分のモチベーションの上がり下がりをグラフにします。

## 好・不調の傾向を知る

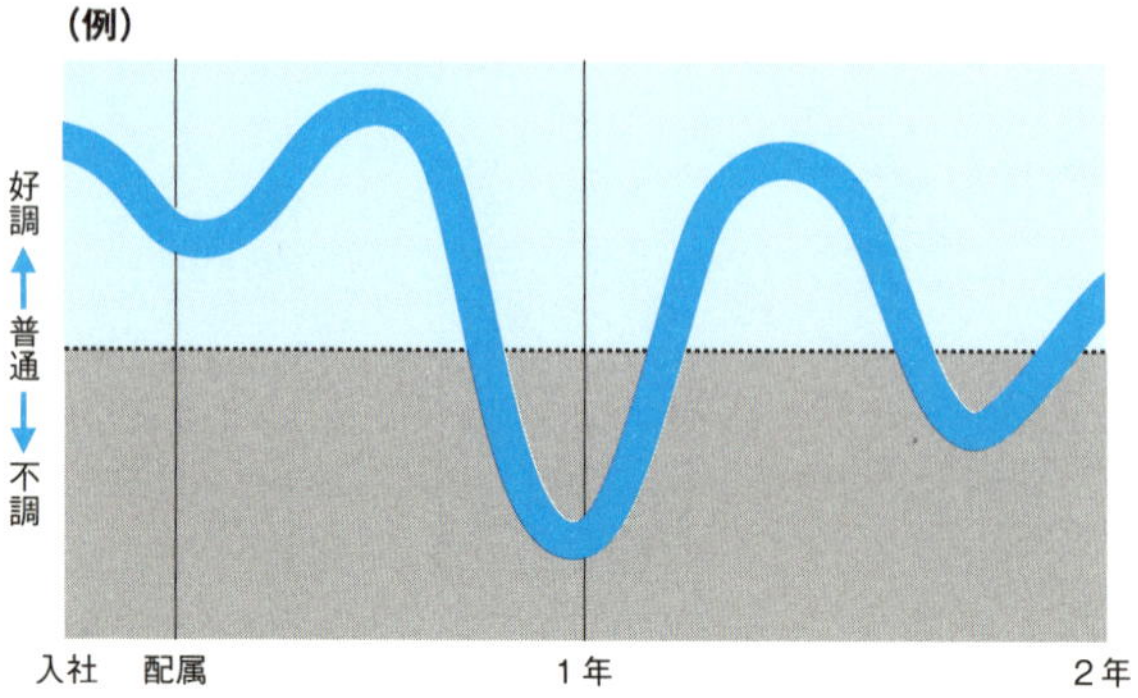


## 好・不調のタイプ別対策

| タイプ | 対応策例 |
| --- | --- |
| あきると下がる | 自ら仕掛けて新しいことに手を伸ばす |
| 環境変化で下がる | 新たな仕事など、環境変化への適応力を上げる |
| 人間関係で上下 | 対人関係のスキルを上げる |
| 仕事の負荷で上下 | 仕事の効率アップ法を身につける |
| プライベートが影響 | 仕事とプライベートの切り替えの場をつくる |

**そこから、自分が好調なときと、不調なときの傾向を読み取ります。**代表的なところでは2種類の人がいます。

1つは、新しいことをやるとモチベーションが上がり、あきてくると下がる人。もう1つは、異動や担当する仕事が変わるなど、環境が変化すると慣れるまでモチベーションが下がり、慣れると上がってくる人です。

新しいことをやるとモチベーションが上がる人は、自ら仕掛けて新しい仕事に手を伸ばしていけば、ずっと好調でいられます。

一方、環境が変化するとモチベーションが下がる人は、新たな環境への適応力を上げていけば、モチベーションの低下は抑えられます。適応力を上げるにはどうすればいいか、本で学んだり、試行錯誤してみてください。

セルフモチベーションのポイント

## 好調と不調の傾向を知って、自分でモチベーションを上げる

CHAPTER 6

スキルアップとキャリア開発

# 4

# 目標設定

GOAL!

自分を高めるツールとして
目標を活用する

NG
できないと嫌だから、
低めの目標を
設定する

OK
少し背伸びが必要な
高めの目標を
設定する

これからあなたも、**「目標」**という言葉と長いつき合いをすることになります。会社は上司を通じ、あなたに業務目標と能力開発目標を設定するように言ってきます。そして、多くの場合、その業務目標の達成度は評価につながります。

目標設定の際、上司が「数値化せよ」「もっと高く」と注文をつけてくることも多く、部下としては目標を「会社や上司から評価のためにつくらされるもの」と考えてしまいがちです。ただ、そう考えてしまうと、目標の持つ本来のパワーが活かせません。

本来、**目標はあなたのエネルギーになり、成し遂げればレベルアップにつながる素晴らしいビジネスツール**です。まずは、自分の力を引き出すツールだと考えましょう。

ここで、自分の力を引き出す目標設定のコツを紹介します。通常、業務目標を3つ程度つくります。1～2個は、上からの要望や担当業務の関係で何をするかが決まってきます。それについては、**少し背伸びをすれば何とかできるかもしれない高さに設定する**とよいでしょう。それが、自分のために最もよいのです。

## 目標設定の仕方

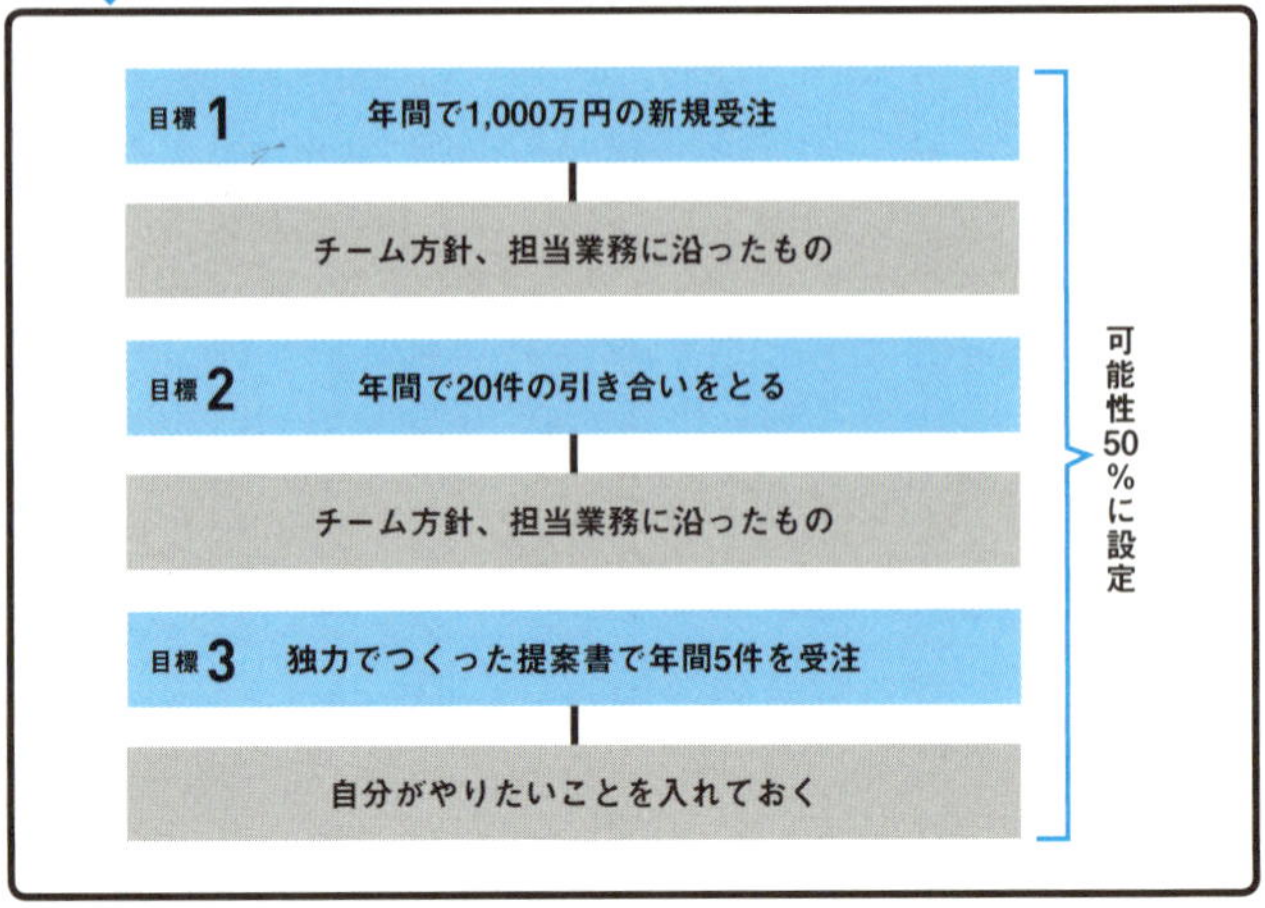


## 目標達成に向けた行動

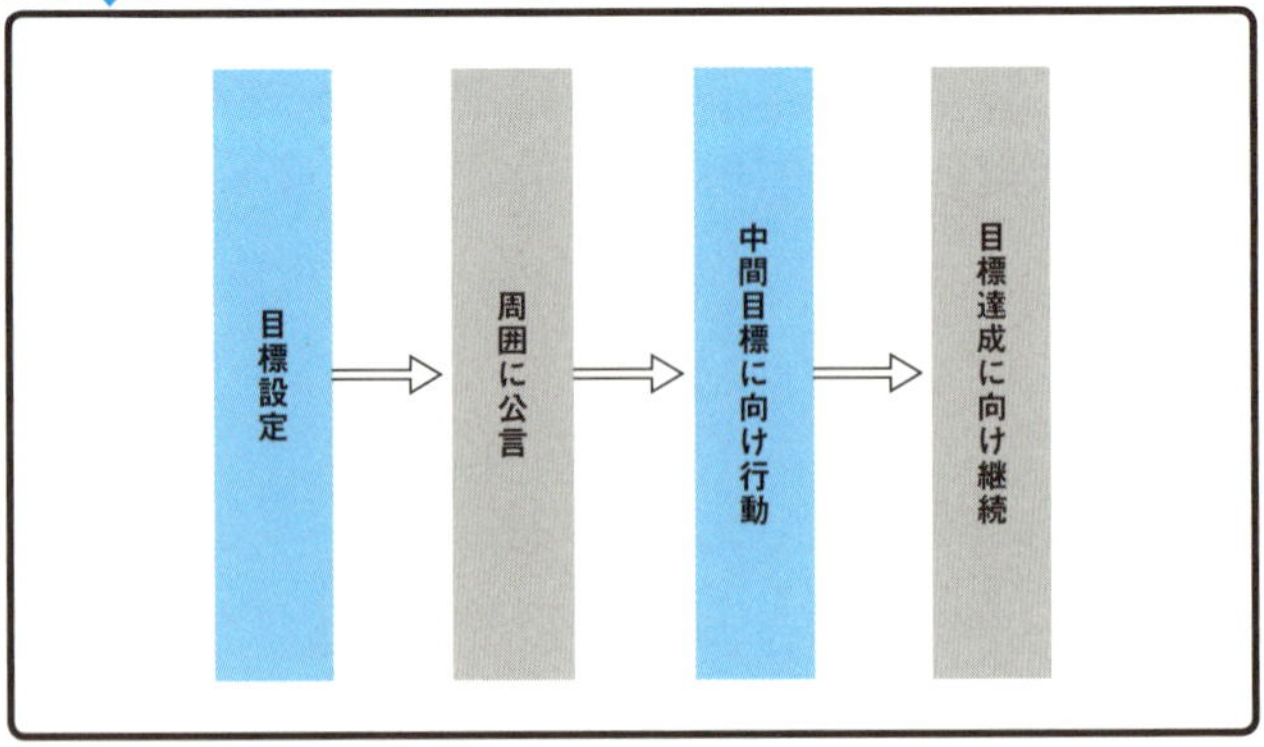

心理学で、人は**達成の可能性が50%の目標に対し、最も努力する**ことがわかっています。それより低いと「自然にできるだろう」とエネルギーがわかず、逆に高すぎると「どうせ無理だ」とやる前からあきらめがちになるからです。

また、3つめの業務目標を何にするかもポイントです。そこには、思い切って**自分の興味があるテーマを設定し、やりがいを高める**のです。

目標を設定したら、自分の目標を周囲に話すようにしましょう。話しているうちに自己説得効果で、目標を強く意識できるようになってきます。

目標達成のコツは、自分なりの中間目標を設定し、たとえば「はじめの半期でここまで進める」と基準を決め、**中間目標に向けて早めにスタートする**ことです。

目標設定のポイント

## 可能性50%の目標を設定し、やりたいテーマも入れておく──

CHAPTER 6
スキルアップとキャリア開発

# 5

# キャリアコースの設計

GOAL!

将来の理想イメージを持っている

NG

自分の将来など考えたことがない

OK

2〜3年先までのプランを持っている

「将来、どうなりたいの？」と上司に問いかけられたことはありますか？

これに対し、「特にありません」としか答えなかったら、上司は「やる気がない」ととってしまいます。

遠い将来については思い浮かばなくても、「もう2〜3年、今の仕事を続けて、自分で提案書をつくれるようになりたいです」などと答えられるようにしておきましょう。そう言っておけば、望まない人事異動を避けられるかもしれません。

とはいえ、近い未来だけでなく将来のことも考えておきたいものです。しかし、若いみなさんの中には、「自分がやりたいことがわからない」という人もいるでしょう。

これについては、**まず「できる、できない」は気にせずに考える**ことが有効です。できそうなことの中から、やりたいことを見つけようとするからわからなくなるのです。

極端な話、今は会社がやっていないことを新規事業として立ち上げることだってできます。まずは、自分がやりたいと思えることを、次ページの図から探してみてください。

そして、**そのような仕事を社内の仕事の中から見つけてください。**もしなければ、新規

## ジョン・L・ホランドの六角形

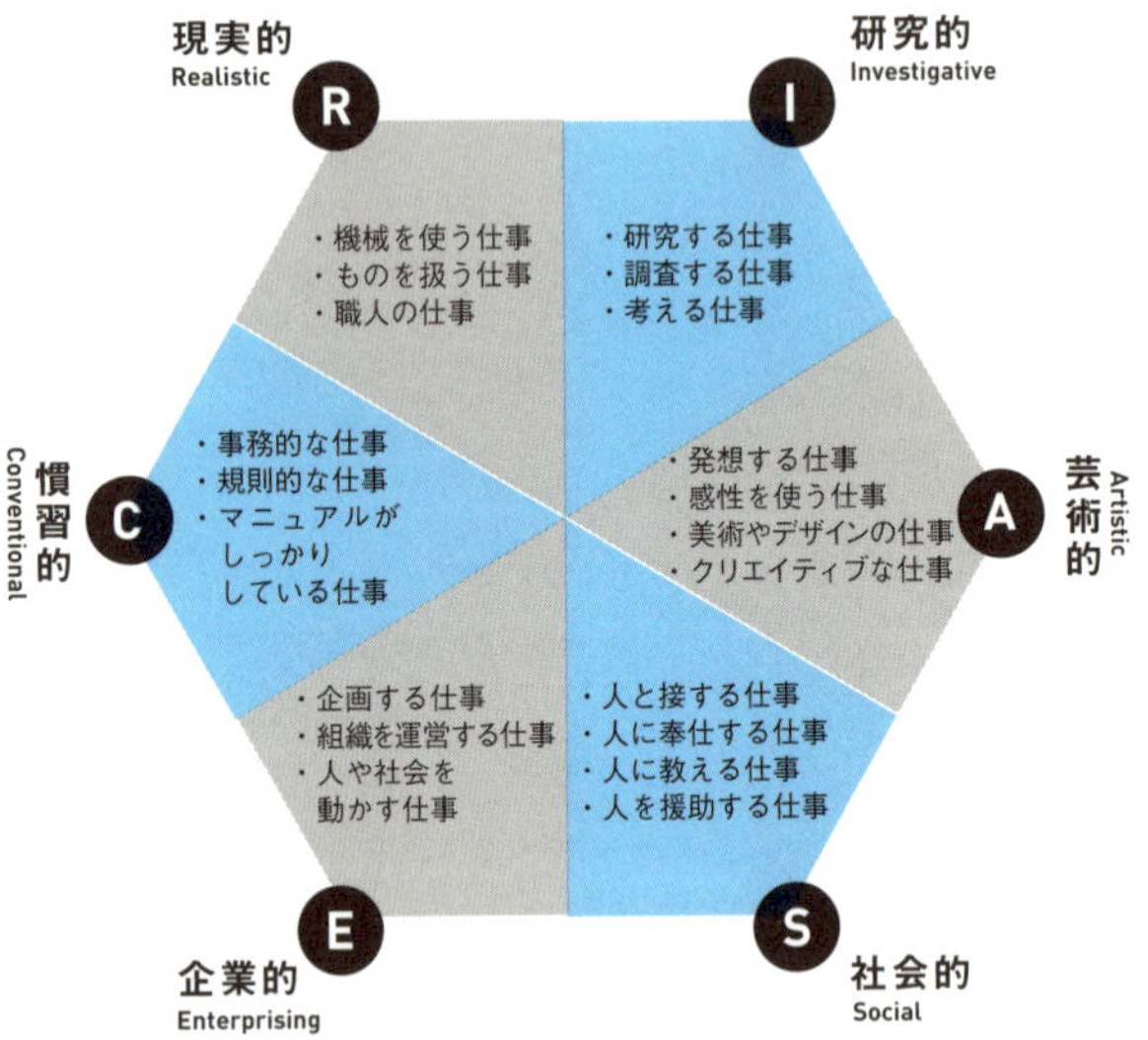


参考：「ホランドの職業選択理論」（雇用問題研究会）

に部門をつくるイメージで考えます。

こうしてできた自分の理想イメージに向けて、どんな経験を積んで進んでいくかを考えるのがキャリアコースの設計です。

将来の理想イメージが変わっていくこともあります。仕事をしているうちに、自分に意外な適性があることもわかってきます。そのときは変えてもいいのです。

もうひとつ大切なことは、**「やりたいこと」のほかに「自分が得意なこと」も意識しておくことです**。それは、あなたがやりたいことを実現するために磨いておいたほうがよいことです。右ページの図で、それも見つけておきましょう。

キャリアコースの設計のポイント

## やりたいことをもとに将来イメージをつくり、得意なことを磨く——

CHAPTER 6

スキルアップとキャリア開発

# 6

# キャリアコースの実現

GOAL!

やりたいことを伝えるとともに、
スキルアップもする

NG

たぶん無理だから、
やりたいことは
秘密にしておく

OK

自分がやりたいことは、
普段から
上司や同僚に話す

**自分がやりたいことを見つけられたら、それは周囲に伝えましょう。**理由は単純で、そのほうが実現するからです。

上司は、部下のことを知っているようで知らないもの。あなたがやりたいと思っていることを誤解しているかもしれません。そうなると、人事異動や日常の役割分担にも影響が出てきます。

日頃から、上司にやりたいことを言っておけば、誤解されることはなく、支援が得られるかもしれません。また、上司だけでなく先輩や同僚にも伝えておくと、人から人に伝わり、他部署の管理職に伝わり、希望する職場に引っ張ってくれる可能性も出てきます。

また、「これがやりたい」と言うことには自己説得効果があり、自分の本気度も上がってきます。**自分がやりたいことを見つけ、それを周囲に言う。**これがキャリアコース実現の一歩目です。

**さらに実現に向けて進むには、必要なスキルを磨くことがポイントです。**

たとえば、将来は企画スタッフになりたいならば、企画立案のセミナーに出たり本を読

## キャリアコースの実現フロー

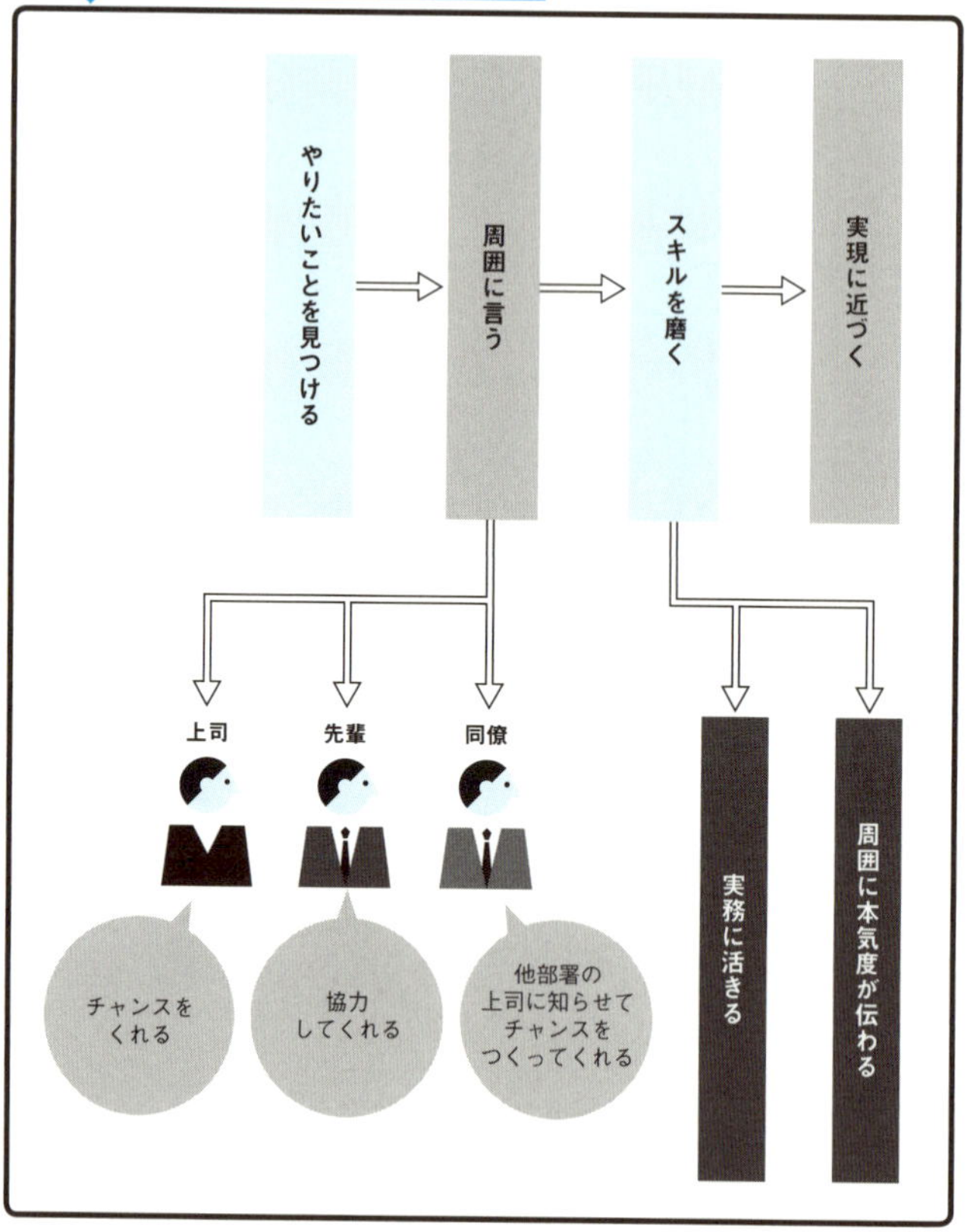

んだりする。宣伝の仕事をやってみたい、事業戦略やマーケティングの仕事をしたい場合も同様です。そうすることには、2つのメリットがあります。

1つは、将来のために磨くべきスキルが今の仕事にも役立つこと。間接的であっても、いま使える場面はあるはずです。

将来、企画スタッフになりたい人が、企画立案のセミナーに出たとします。そこで得たノウハウは、社内の業務改善提案をする際にもきっと使えるでしょう。

もう1つのメリットは、**周囲があなたの「やりたい」が本気だと認めること**です。そうなれば、応援してくれる人も出てきて、キャリアコースが現実のものになっていくのです。

キャリアコースの実現のポイント

## やりたいことは周囲に公言し、実現に向けてスキルを磨く

CHAPTER 6
スキルアップとキャリア開発

# 7
# 人間力の高め方

GOAL!

社内外の人間力のある人
とつき合う

NG

文句やグチばかり
言う人と
つき合っている

OK

社内で
人間力の高い人を
見極められる

「人間力」は、ほかのビジネススキルと異なり、トレーニングで身につけられるものではありません。では、どうやって高めればいいのでしょうか？

人間力の中身は、**目標達成意欲、行動力、ねばり強さ、明るさ、バイタリティ、ストレスに耐える力**などマインド系のものです。

これらの要素は、誰でも自分の中に持ってはいます。ただ、それはまだ自分の中で眠っている場合も多いのです。自分の中にある人間力を引き出し、高めてくれるのは「苦境」です。**仕事でつらい思いをしているときこそ、人間力が高まります**。仕事で苦境になったとき、ぜひこのことを思い出してください。

人間力のある人は、必ずと言っていいほど、大きな苦境を乗り越えてきています。そんな人とつき合うことも、自分の人間力を高めるきっかけになります。

先輩や同僚の中には、いつも文句やグチを言っている人がいます。そういう人とつき合うと自分の人間力が落ちますから、**つき合う相手は選びましょう**。

人間力の高い人は社外にもいます。**社外人脈も広げていきましょう**。

## 人間力とは

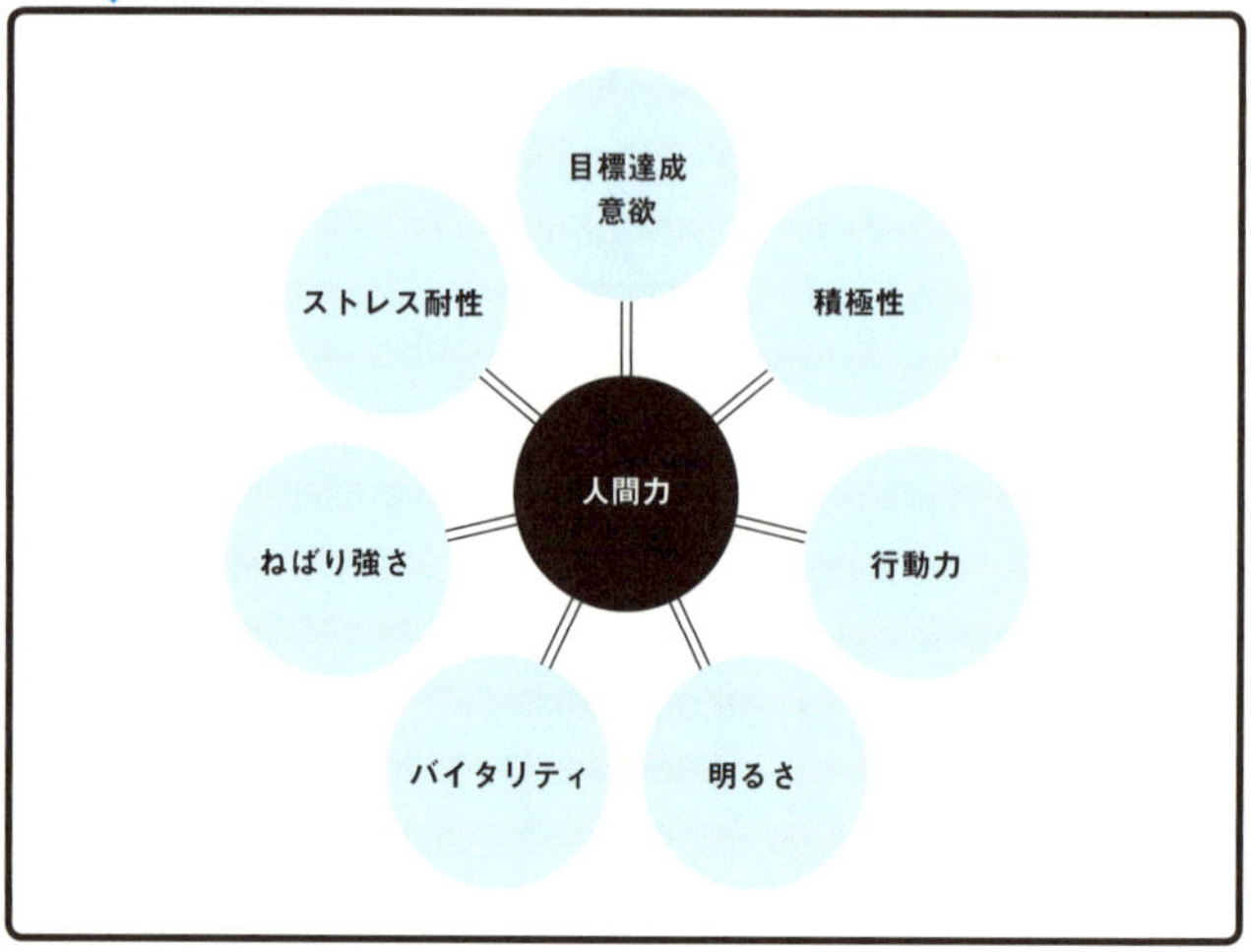


## 人間力の高め方

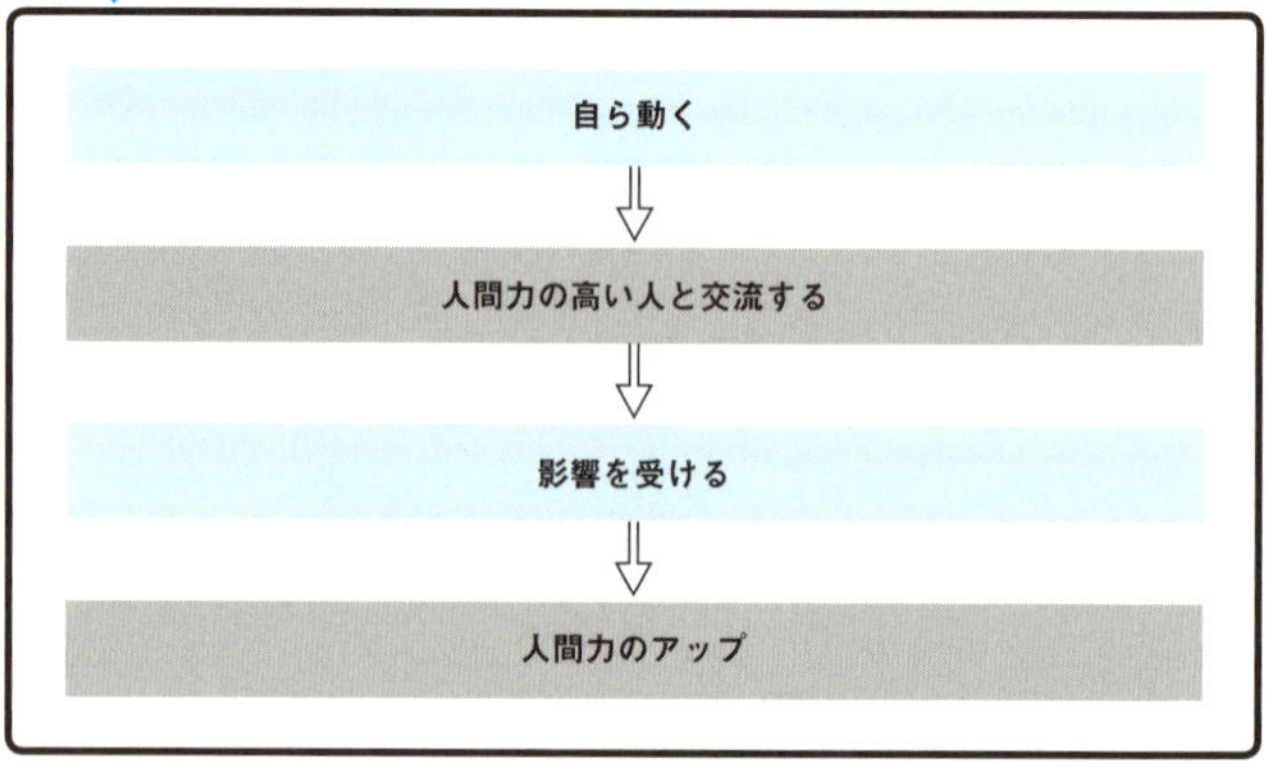

社外の人脈を広げることに関しては、私の知人の営業マンにお手本のような人がいます。彼の人脈のつくり方の一例を紹介しましょう。

彼は、お客さまに「自分を高めるために、同業他社のすぐれた営業マンと話をしてみたい」と頼むそうです。そうすると、そのお客さまが優秀だと思う人材を紹介してくれて、それが徐々に人脈になるということです。

そして、すぐれた人の周囲にはすぐれた人材がいて、さらに人脈が広がっていくという仕組みです。こうして彼は人間力を上げてきたのだそうです。

この話の中でポイントになるのは、**自分から働きかける**という点です。ただ待っているだけでは、人脈は広がりません。**勉強会や趣味のサークルに参加する**のもよいでしょう。どのような形にせよ、自分から動くことです。

人間力の高め方のポイント

## 自分の世界を広げていくことで人間力を高める

新版　社会人1年目からの
# 仕事の基本

発行日　2019年3月30日　第1刷

Author　濱田秀彦
著者エージェント：アップルシード・エージェンシー

Book Designer　カバー：遠藤陽一（DESIGN WORKSHOP JIN, Inc.）
本文：小林祐司

Publication　株式会社ディスカヴァー・トゥエンティワン
〒102-0093　東京都千代田区平河町2-16-1 平河町森タワー 11F
TEL　03-3237-8321（代表）03-3237-8345（営業）／FAX　03-3237-8323
http://www.d21.co.jp

Publisher　干場弓子
Editor　三谷祐一　松石悠

Marketing Group
Staff　清水達也　小田孝文　井筒浩　千葉潤子　飯田智樹　佐藤昌幸　谷口奈緒美
古矢薫　蛯原昇　安永智洋　鍋田匠伴　榊原僚　佐竹祐哉　廣内悠理
梅本翔太　田中姫菜　橋本莉奈　川島理　庄司知世　谷中卓
小木曽礼丈　越野志絵良　佐々木玲奈　高橋雛乃

Productive Group
Staff　藤田浩芳　千葉正幸　原典宏　林秀樹　大山聡子　大竹朝子　堀部直人
林拓馬　木下智尋　渡辺基志

Digital Group
Staff　伊藤光太郎　西川なつか　伊東佑真　牧野類　倉田華　高良彰子
佐藤淳基　岡本典子　三輪真也　榎本貴子

Global & Public Relations Group
Staff　郭迪　田中亜紀　杉田彰子　奥田千晶　連苑如　施華琴

Operations & Accounting Group
Staff　松原史与志　中澤泰宏　小関勝則　山中麻吏　小田木もも　池田望　福永友紀

Assistant Staff　俵敬子　町田加奈子　丸山香織　井澤徳子　藤井多穂子　藤井かおり
葛目美枝子　伊藤香　鈴木洋子　石橋佐知子　伊藤由美　畑野衣見
井上竜之介　斎藤悠人　宮崎陽子　並木楓　三角真穂

Proofreader　株式会社鷗来堂
DTP　株式会社 RUHIA
図版　キタダデザイン
Printing　大日本印刷株式会社



ISBN978-4-7993-2456-1 